AF599782

BORRANDO A HUGO
y otras evanescencias

Óscar Martín Ramírez

Aliar ediciones

Corrección: Eladia Guerrero
Diseño de cubierta: Sandra Hermoso
Maquetación: Aliar Ediciones
Foto de autor: @helena.arts_

Depósito Legal: GR 961-2025
ISBN: 979-13-87823-50-4

Impreso en España

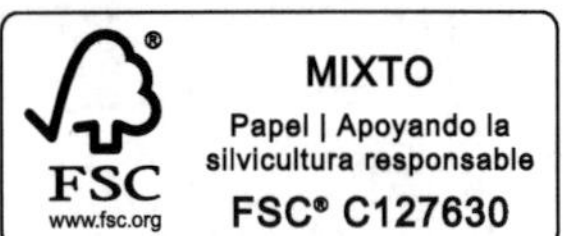

Edita
ALIAR Ediciones
www.aliarediciones.es
info@aliarediciones.es

BORRANDO A HUGO
y otras evanescencias

Óscar Martín Ramírez

PRÓLOGO

Óscar Martín Ramírez es poeta, novelista y estrena la piel de dramaturgo con dos obras de teatro nacidas para cuestionarse la sinrazón que ampara a la sociedad si eres presa de un tiempo desordenado y tendente a la deshumanización.

Cuando se habla de teatro con una intención mínimamente crítica solemos llegar a los mismos lugares comunes: crisis, limitaciones, búsqueda de salvavidas. Pero en ambos textos dramáticos el autor resuelve los tópicos de una manera inteligente, llevando al lector a un juego de espejos en el que los personajes evidencian ser hijos de la segunda década del s. XXI. Siglo que maquilla las heridas del desamparo y la crisis de identidad con el uso masivo de las nuevas tecnologías, creando con ellas un verdadero laberinto de incertidumbres: ¿somos más carne y hueso o más materia digital?

«Borrando a Hugo» y «La sala de espera» mantienen un cordón umbilical con el humor trágico y magistralmente crítico de Valle-Inclán, la inocencia que trasciende de la obra *Esperando a Godot* de Samuel Beckett y la ternura surrealista de Miguel Mihura.

«Si nos tocamos, tal vez generemos un agujero negro», expresa Hugo, uno de sus protagonistas, ante el vértigo que se provoca cuando el amor se acerca para salvar a este personaje y aún no puede creer ni en sí mismo. «Se casan con todo para tener la sensación de que algo en sus vidas puede perdurar». Y es el verbo *perdurar* el ancla que buscan los personajes, ya sea a través de la maternidad, el amor o la escritura, para no dejar de ser, para no desvanecerse.

El humor, la poesía y el amor como armas y el teatro del absurdo como género inventan un colchón donde cobijarse frente a una realidad que duele. Estas dos comedias existenciales convergen con las palabras que mantenía Torrente Ballester en *Tres sombreros de copa*: «Se altera la apariencia de realidad, pero se mantiene la lógica».

Begoña Cabezas

Poeta, filóloga y profesora de Lengua y Literatura

PRÓLOGO EMOCIONAL

(Antes de comenzar, quiero expresar el lujo que supone para mí tener la oportunidad que Óscar me brinda: escribir un prólogo desde la amistad que nos une y desde la emocionalidad de su arte. ¡Qué responsabilidad, y qué apasionante a la vez! Ahí va).

Óscar Martín Ramírez, en ambas obras de teatro, «Borrando a Hugo» y «La sala de espera», nos lleva al mundo de las emociones, donde sus diferentes estados circulan a toda velocidad por una montaña rusa infinita de preguntas, contradicciones, deseos e ilusiones.

Sus personajes viven episodios de una realidad y una cotidianeidad más que evidentes. Episodios que ocurren con más frecuencia de la que imaginamos, atravesando no de puntillas, sino con gran intensidad, situaciones que todos, en muchos momentos, hemos experimentado: las inseguridades, las carencias afectivas, el miedo a no ser queridos, el pánico al rechazo y a no gustar a todo el mundo, cuando lo verdaderamente importante es la aceptación de uno mismo.

Óscar muestra su lado más tierno en cada uno de sus protagonistas, aquí lo son todos. Podríamos decir de ellos que están llenos de esperanza, aunque a veces parezca que la han perdido, con unas enormes ganas de encontrar la risa, la calma, y al menos rozar con la punta de los dedos eso que llaman, o llamamos, felicidad. Están atravesados por diálogos donde la ironía se mezcla con la risa, que a su vez se abraza con la desgracia; quizá un reflejo de la personalidad del propio autor.

La vida después de la muerte pone de manifiesto cómo el autor trata de normalizar ese paso que empezamos a recorrer desde que nacemos. Óscar llena de amor ese momento en «La sala de espera», donde sus personajes cuentan vidas no muy agraciadas; a pesar de estar supuestamente muertos, curiosamente se sienten más vivos que nunca. No creen haber muerto; quieren sentir, pensar y desear que haya otro lugar, otra oportunidad para vivir la vida que no pudieron o no les dejaron vivir, y así dar rienda suelta a los sueños que aún tienen por cumplir.

Su autor, por tanto, marca un ritmo sencillo, fresco y dinámico en ambas obras. Sus diálogos son cercanos, como si nos abriera una ventana a través de la cual pudiéramos contemplar cada escena, asomados sin peligro de caer, envueltos en un aire fresco que nos oxigena por dentro y por fuera, haciéndonos sentir, en primera persona, a cada uno de sus protagonistas.

Dos obras maravillosas que bien podrían estar en muchos teatros actuales, para ofrecernos ese mensaje tan atemporal y siempre necesario: creer en nosotros mismos, no conformarnos con lo que nos toca y rebelarnos contra los malos y lo malo, contra el maltrato propio y el ajeno.

No quiero dejar pasar la ocasión de destacar la fantástica banda sonora que acompaña a «Borrando a Hugo», capaz de transportarnos de forma hermosa y delicada al inicio de cada acto. Con una precisión casi quirúrgica, lleva al lector directamente al escenario mismo de la obra.

Gracias, Óscar, porque a través de «Borrando a Hugo» y «La sala de espera» nos ofreces la posibilidad real de aspirar a ser cada vez mejores como seres humanos. Un trasfondo que habita como un tesoro en este tu escenario más teatral, pero, permíteme decirlo, también en el de tu día a día más personal. Me siento inmensamente afortunado de ser espectador, y a la vez partícipe, de ambos mundos a través de nuestra amistad.

Luis Felipe Aladueña

Poeta y licenciado en Derecho

INTRODUCCIÓN

Evanescencias: la fugacidad de lo humano

Las historias que conforman este volumen se sostienen sobre una idea esencial: la transitoriedad de la existencia. Tanto *Borrando a Hugo* como *La sala de espera* exploran lo evanescente, lo que se disuelve, lo que deja de estar sin que podamos evitarlo. Ambas obras, a pesar de sus diferencias formales y tonales, tienen un hilo conductor claro, personajes atrapados en un espacio que, lejos de ofrecer certezas, los confronta con su propia naturaleza incierta.

En *Borrando a Hugo*, el protagonista es un guionista que se desdibuja de su propia obra, un hombre cuya identidad se convierte en una sombra en el escenario de la memoria y la ficción. Con un lenguaje metateatral que desafía la realidad, la obra juega con la idea de la desaparición no solo física, sino emocional y narrativa. ¿Quién es Hugo cuando deja de estar? ¿Qué ocurre con una persona cuando la imagen que los demás tienen de ella se borra?

Por su parte, *La sala de espera* nos sitúa de lleno en un limbo desconocido donde los personajes, sin saber exactamente cómo han llegado ahí, intentan descifrar su destino. A través de conversaciones cotidianas y revelaciones inquietantes, la obra desentraña el miedo a lo que viene después y el peso de lo que quedó atrás. El humor y la melancolía conviven en un mismo espacio, reflejando la paradoja de la muerte.

Ambas piezas comparten una cualidad espectral, los personajes parecen estar y no estar al mismo tiempo, como si su permanencia en el escenario fuera un último acto de resistencia ante la desaparición definitiva. En este sentido, estas obras no solo son historias sobre la evanescencia de los individuos, sino también del teatro mismo, que vive en el instante efímero de la representación.

Este volumen invita al lector —y al espectador— a sumergirse en mundos donde lo real y lo ilusorio se confunden, donde el pasado se aferra al presente, y donde la única certeza es la incertidumbre. Un viaje hacia lo evanescente, sí, pero también hacia lo profundamente humano.

O. M. R.

BORRANDO A HUGO

Comedia existencialista en cinco actos

Atreverse implica perder el equilibrio momentáneamente.
No atreverse implica perderse a uno mismo.

Søren Kierkegaard

PERSONAJES

HUGO NEBLÍN, guionista de televisión.

ASTRID LARSEN, estudiante universitaria.

LILIANA NOT, pintora artística.

DON MANUEL, médico retirado.

MARIO ANTONIO BENAVIDES, actor.

ACTO I

Apartamento de Hugo Neblín por la noche. Una mesa ocupa el centro. Hay varias sillas alrededor y un sofá cercano. La cocina se intuye al fondo. A la derecha, la puerta de entrada y una estantería con una máquina de escribir en una repisa superior. A la izquierda, la puerta del dormitorio y un espejo.

Suena «Blue Iguana», de Los Mambo Jambo.

Hugo se mueve rápido. Abre los cajones, buscando algo.

La música baja de volumen.

HUGO:

(Agitado, dirigiéndose al público).

¡Hoy han desaparecido los terrones de azúcar!

Hoy, precisamente hoy, que tengo invitados.

¿Alguien se acuerda de esos cubitos,

blancos o marrones, apelmazados,

que se echaban al café para endulzarlo?

(Pausa breve, buscando la reacción del público).

¡Azucarillos!

Sí, eso es. También se llamaban así.

El mundo entero se está desvaneciendo, joder...

Y cada vez más rápido.

Se sienta en el sofá, se quita la bota derecha y el calcetín. Se sube la pernera del pantalón y observa con pánico su pie desnudo. La luz lo ilumina con normalidad; el público puede verlo claramente, pero él no.

¿Qué os decía?

¡Totalmente transparente!

¡El Informático Divino me reclama!

(Pausa breve).

¿Qué voy a hacer ahora?

Me están digitalizando, lo sé.

(Pausa breve).

(Se pone de pie, ansioso).

Como pagar en efectivo.

Como el minuto de silencio,

que ya solo dura diez segundos.

(Clamando al cielo).

¡Como los mapas de papel!

O como las patillas...

¿Os habéis fijado en que ya nadie las usa?

¿Dónde están las patillas ahora?

(Se deja caer de nuevo en el sofá, derrotado).

Como mi matrimonio...

(Se pone el calcetín otra vez. Lo quita, lo pone, lo quita... Hasta que se frena en seco).

¿Para qué insistir...?

(Silencio).

Se lo deja puesto y se calza. En ese instante, entra don Manuel en escena por el lateral izquierdo, acompañado por una luz cálida y suave.

DON MANUEL:

Venga, hombre. Estás dramatizando.

HUGO:

(Se gira bruscamente, sorprendido).

¿Quién es usted? ¿Qué hace en mi casa?

DON MANUEL:

Tranquilo, soy una proyección de tu subconsciente.

HUGO:

(Hugo lo observa con recelo. Mira a su alrededor).

Pues se parece al obstetra de mi exmujer.

DON MANUEL:

¡Así es!

HUGO:

¿Don Manuel? ¿Y no había otro?

No sé... Sigmund Freud, Carl Jung, Morgan Freeman...

DON MANUEL:

Tampoco te pases.

Ellos tienen una lista de espera de varios años.

Debe ser que represento algún tipo de rol paternal para ti.

HUGO:

Ya, debe ser... Dígame entonces,

¿a qué corriente de pensamiento se adhiere?

¿Humanista, cognitiva, conductual?

DON MANUEL:

Yo solo le daba la bienvenida a los recién nacidos.

HUGO:

Ah, es usted un cínico.

DON MANUEL:

Muy gracioso. Mira, vengo a decirte algo.

Estás pasando por una crisis importante,

pero no es más que un trastorno pasajero.

Un trastorno dismórfico corporal.

HUGO:

Pues qué bien, me quedo más tranquilo.

DON MANUEL:

El pie sigue ahí.

¿No te has dado cuenta de que puedes tocarlo?

HUGO:

Ya, pero es invisible.

DON MANUEL:

Como Michael Jackson. Él quería ser blanco
y tú quieres ser transparente.

HUGO:

No es verdad.
A mí me están digitalizando, es distinto.
Me queda poco tiempo.

DON MANUEL:

Es solo tu imaginación.

HUGO:

Ya, claro, siempre es la imaginación.
A ver, ¿qué sabe usted de psicología?

DON MANUEL:

¡Mucho!
Veo todos los documentales de asesinos en serie.

HUGO:

Ya...
(Pausa breve).
No sé, ¿qué sentido tiene continuar?
¿Se esfumarán también mis recuerdos,
como los quioscos de prensa,

como los restaurantes chinos de barrio

o las hombreras de los ochenta?

DON MANUEL:

Tienes un hijo, Hugo.

Siempre es mejor ser un padre aparecido

que un padre desaparecido.

HUGO:

(Se queda inmóvil, fija la mirada en un punto y respira hondo).

Es verdad. Lucca, mi pequeñajo.

(Silencio).

¿Cuánto tiempo me queda, sea sincero?

Llaman a la puerta.

DON MANUEL:

(Saliendo de escena por la parte izquierda).

¿Quién sabe?

Pero yo que tú abriría la puerta.

Llegan tus invitados.

Hugo se levanta del sofá.

HUGO:

(Abriendo la puerta).

¡Lily! ¿Cómo estás?

LILY:

(Entra en escena, ve a Hugo, lo abraza y rompe a llorar).

Ay, Huguito...

HUGO:

(Cierra la puerta suavemente y la guía hacia dentro).

Entra, no te quedes ahí.

¿Pero qué ha pasado?

LILY:

(Llorando desconsolada).

Estoy fatal con Paula.

HUGO:

Entonces, ¿vienes sola?

LILY:

¡Es que Paula puede ser tan posesiva!

(Pausa breve).

Yo estaba tan tranquila, chateando con una amiga,

y ella, ahí detrás, regañándome.

«Para ser solo una amiga, usas frases muy largas», me dice.

Que uso frases muy largas. ¿Te lo puedes creer?

¿Pero qué quiere que use, monosílabos?

No puedo más.

HUGO:

(Va hacia la cocina mientras escucha, pone la tetera al fuego y regresa).

Vaya. ¿Y qué ha pasado después?

LILY:

Nada. Que prefiero los polisílabos.

Me he marchado dando un portazo.

(Hace una pausa, suspira, lo mira con ojos suplicantes).

Hugo, no quiero volver.

¿Me puedo quedar aquí después de la cena?

Un par de noches, como mucho.

HUGO:

Cariño, esto es muy pequeño.

LILY:

Puedo irme a un hotel, si no quieres.

Aunque qué precios, y no quiero estar sola.

HUGO:

Está bien.

Seguro que nos podemos arreglar un par de noches.

LILY:

(Poniéndose cómoda).

Puedo dormir aquí mismo, en el sofá,

no te darás ni cuenta.

HUGO:

¡De eso nada!

Yo dormiré en el sofá y tú en el dormitorio.

(Haciendo la señal de la cruz, con aire solemne y exagerado).

Desde este momento te declaro mi invitada de honor,

in nomine Patris et Filii et Spiritus Sancti.

LILY:

(Asiente con la misma solemnidad).

Amén.

HUGO:

Pero vamos primero con la cena,

luego nos organizamos bien.

La tetera comienza a silbar. Hugo se dirige a la cocina, apaga el fuego, prepara una taza de tila y se la ofrece a Lily.

HUGO:

Lo siento, no tengo azúcar.

LILY:

(Sostiene la taza entre las manos con cuidado de no quemarse).

No importa.

(Pausa).

LILY:

(Lo observa con curiosidad).

Te has hecho algo, ¿no? Te noto diferente.

HUGO:

(Pavoneándose, tocándose la cara afeitada y el cabello corto).

He cambiado de *look*. ¿Te gusta?

LILY:

(Lo examina con una sonrisa).

Te sienta bien, pareces más joven.

(Recordando algo).

¿Soy la primera en llegar?

He invitado a una amiga, espero que no te importe.

Necesitaba traer a alguien que no me juzgara...

Estoy harta de dramas.

(Hace una pausa, con aire travieso).

Y quién sabe, a lo mejor os lleváis bien.

HUGO:

(Con media sonrisa).

¿Una amiga?

Bueno, hay timbal de quinoa real,

cubierto con una fina lluvia de trufa,

para todos.

LILY:

(Soplando ligeramente la taza antes de probar un sorbo).

Qué sofisticado te pones a veces.

A mi amiga le vas a encantar.

HUGO:

No empieces. Estoy bien yo solo.

Además, tengo planes.

Os tengo que contar...

LILY:

Miedo me das.

Hugo y Lily comparten una mirada de complicidad.

Llaman a la puerta.

HUGO:

(Caminando hacia la puerta).

Seguro que son Mario y Alfonso.

Aparece Benavides en escena. Abraza a Hugo y le entrega una botella de vino.

BENAVIDES:

¡Huguito! ¡Cuánto tiempo! ¿Cómo estás?

HUGO:

¡Mario! Adelante, hombre.

Me alegro mucho de verte. Estás en tu casa.

No me digas que tú también vienes solo.

BENAVIDES:

Pues sí, Alfonso no ha podido venir.

(Susurrando).

Entre nosotros, es un poquito tóxico.

(Levantando nuevamente la voz y la mirada).

En fin, espero que eso no descuadre ningún plan.

HUGO:

No, tranquilo. Así tocamos a más...

BENAVIDES:

Me gusta tu apartamento, muy acogedor...

¡Liliana Not! Dichosos los ojos.

LILY:

Mario Antonio Benavides, ¡cuánto tiempo!

¿Cómo estás?

(Se abrazan).

BENAVIDES:

Muy bien. No os veía desde...

HUGO:

Desde la época de *Efecto espejo*, yo creo.

LILY:

¡Me encantaba esa serie!

HUGO:

(Dejando la botella en la mesa).

Fue un fracaso, Lily, joder.

Una especie de *Cámara café*,

pero con la gente hablándole

al espejo del baño.

¿A quién se le ocurre?

(Pausa breve).

A mí me encargaron los diálogos.

Me empleé a fondo,

y Benavides estaba genial,

pero ni con esas.

LILY:

Pues a mí me gustaba,

qué quieres que te diga...

HUGO:

No habíamos terminado la primera temporada

y ya estaba cancelada.

Además, ¿quién le habla al espejo del baño?

¿Vosotros le habláis al espejo del baño?

LILY:

Yo les hablo a mis cuadros cuando se ponen rebeldes.

BENAVIDES:

(Enfrente del espejo, posando, estirando los labios).

Yo le hablo continuamente.

¿A que sí, guapetón?

HUGO:

Pues nada, habéis venido los dos solos,

así que ya estamos todos.

LILY:

Falta mi amiga.

BENAVIDES:

(Sentándose en una silla).

¿En serio? Pensaba que seguías con Paula.

LILY:

Es complicado, pero ahí vamos.

He invitado a una chica,

la conocimos el otro día.

Es solo una amiga,

no os hagáis líos.

(Pausa breve).

¡Quién sabe, a lo mejor le gusta a Hugo!

HUGO:

(Mirándose en el espejo y estirándose la ropa).

Madre mía.

No sé si estoy preparado.

BENAVIDES:

Ay, es verdad. Lo siento, Hugo.

Escuché lo de tu divorcio, ¿cómo estás?

HUGO:

¡Pues sí que hace tiempo que no nos vemos!

Ya mejor...

(Hugo se acerca a la cocina y se pone un delantal).

LILY:

(Dirigiéndose a Benavides y bajando un poco la voz).

Lo ha pasado fatal, el pobre.

Se sumió en una depresión de caballo.

Hoy lo veo más animado.

HUGO:

(Al fondo).

Pero, Lily, no hables de mí como si no estuviera aquí.

LILY:

Al final lo han resuelto bien,

la custodia del pequeño y esas cosas.

Ya han pasado un par de años,

pero siempre me he sentido incómoda con esa mujer,

no sé...

BENAVIDES:

(Bajando también la voz).

Yo la he visto presentando el programa ese,

el de los cotilleos.

LILY:

Claro, es que ella es la directora.

Y algunas veces lo presenta.

HUGO:

(Dejando un plato con picoteo en la mesa).

Que os estoy escuchando.

LILY:

(Recuperando el tono de voz).

¿Y en qué serie estás ahora, Mario?

BENAVIDES:

Es una maravilla. ¡Va a ser un éxito!

Quieren estrenarla en Navidad.

LILY:

¿No será esa que están anunciando?

La de Charles Dickens.

BENAVIDES:

¡Sí, esa misma!

Aunque yo no diría que es exactamente de Dickens...

(Pausa breve).

Es un *spin-off* de *Cuento de Navidad.*

La historia transcurre en la época actual.

Como ya nadie tiene remordimientos,

los fantasmas se han quedado sin empleo.

HUGO:

(Abriendo el vino y sirviendo una copa a Benavides).

¡Es que el mundo entero se desintegra!

BENAVIDES:

Yo soy el Fantasma de las Navidades Futuras.

Interpreto su historia personal.

(Pausa breve).

Cómo logra un espíritu encapuchado,

de personalidad sombría,

superarse a sí mismo.

Se inscribe en la universidad,

se especializa en psicología

y al final abre su propia consulta.

(Pausa breve).

Conoce de antemano el futuro de los pacientes

y, al no hablar, es el psicoanalista ideal.

(Pausa breve).

Llaman a la puerta.

HUGO:

(Encaminándose hacia la puerta).

Y luego se quejan de mis guiones...

LILY:

Pues yo conozco a varios psicoanalistas así.

(Hugo abre la puerta. Se queda inmóvil un par de segundos, mirando a Astrid).

LILY:

(Desde el sofá).

¡Astrid! Pasa, pasa, no te cortes.

Hugo, ella es mi amiga, Astrid Larsen.

HUGO:

(Saliendo de su estupor, le ofrece la mano a Astrid, sonriendo).

Encantado, mucho gusto.

ASTRID:

(Con un suave acento nórdico, dándole la mano a Hugo).

Encantada. Gracias por invitarme, Hugo.

Lily me ha hablado mucho de ti.

HUGO:

(Mirando a Lily de soslayo).

¿Ah, sí? Nada bueno, supongo.

Pero pasa, por favor. Ponte cómoda.

¿Quieres vino?

ASTRID:

Vale. *Fantastisk.*

(Hugo se dirige a la mesa y sirve una copa).

LILY:

La semana pasada, Paula y yo, literalmente,

nos tropezamos con Astrid en el Thyssen.

Y así, entre un cuadro y otro, comenzamos a charlar.

Resulta que acaba de llegar de Dinamarca,

para hacer un máster.

BENAVIDES:

Anda, mira, qué bien. ¿Y qué estudias?

ASTRID:

(Dirigiéndose a todos).

Es una maestría,

para dar clases de español en Dinamarca.

Así que nada, aquí estoy.

HUGO:

(Ofreciéndole la copa de vino a Astrid).

Pues hablas muy bien español.

ASTRID:

Gracias.

Eres muy amable.

(Astrid y Hugo se miran brevemente y sonríen).

HUGO:

(Retirándose a la cocina).

Espero que te guste el timbal de quinoa real,

cubierto con una fina lluvia de trufa.

ASTRID:

¿Es una comida típica española?

LILY:

¡Qué va! Es que Hugo siempre cocina

como para un congreso de directivos.

HUGO:

Muy graciosa...

(Dirigiéndose a Astrid).

Entonces, ¿cuánto tiempo

te vas a quedar en España?

ASTRID:

Pues estaré en Madrid hasta que acaben las clases,

en junio del año que viene.

Después, me gustaría ir a la playa.

HUGO:

Qué bien.

LILY:

Hugo, ahora que ya estamos todos,

creo que nos querías contar algo.

HUGO:

(Respirando profundamente).

Sí, tienes razón.

En fin, ahí va...

He dejado el trabajo.

(Silencio. Nadie reacciona de inmediato).

Quiero escribir una novela.

Y antes de que digáis nada, sí...

también he dejado los antidepresivos.

(Pausa).

(Lily y Benavides intercambian miradas).

LILY:

Pero, Hugo, así, ¿de golpe?

¿Sin hablar con nadie?

HUGO:

Estaba harto de sentirme mal,

emocionalmente hinchado,

como un globo.

(Lily lo observa con atención).

No pasa nada. ¡Mírame!

Me siento genial,

me he apuntado al gimnasio y todo.

(Pausa breve).

Ya hace un par de meses...

ASTRID:

Te va a ir fenomenal, seguro que sí.

HUGO:

(Dirigiéndose a Astrid, susurrando).

Antes tenía barba y unas greñas larguísimas, no veas.

BENAVIDES:

Qué valentía, querido amigo.

HUGO:

(Caminando hacia la máquina de escribir).

Gracias. Mirad lo que he conseguido.

Es una preciosidad. De los años 70.

La he puesto aquí de momento,

para escribir de pie,

como hacía Hemingway.

LILY:

Madre mía.

HUGO:

Todo va a ir bien, Lily, no te preocupes.

(Se queda mirando la máquina de escribir. La toca con cuidado).

Solo espero no desvanecerme antes de conseguirlo.

(Pausa breve. Hugo mira a los demás. Sonríe).

¡Pero vamos con lo importante!

¡El timbal de quinoa real,

cubierto con una fina lluvia de trufa!

Fundido a negro.

Fin del acto I.

ACTO II

Se encienden las luces. Apartamento de Hugo Neblín por la mañana. Hugo duerme en el sofá, tapado con una manta. Al fondo, Lily disfruta de una infusión.

Suena «The Girl from Ipanema», en la versión de Stan Getz & João Gilberto.

La música baja de volumen mientras Lily se acerca a la máquina de escribir y teclea unas palabras. El sonido despierta a Hugo, que bosteza.

LILY:

Perdona, no quería despertarte.

HUGO:

No te preocupes.

LILY:

¿Has dormido bien?

HUGO:

Muy bien, gracias. ¿Y tú?

LILY:

Muy bien, aunque soy yo la que debería
haber dormido en el sofá.

HUGO:

No te preocupes, es más cómodo de lo que parece.
¡El amanecer de los artistas!
Siempre he deseado despertar contigo, ¿sabes?

LILY:

¡Pero en diferentes habitaciones!

HUGO:

Bueno, solo era un cumplido.

LILY:

(Señalando la taza sobre la mesa).

Te he preparado un café. Está caliente.

HUGO:

(Sentándose en el sofá con la taza entre las manos).

Muchas gracias. ¿Y qué vas a hacer ahora?
¿Vas a volver con esa arpía de esposa que tienes?

LILY:

No digas eso. No es tan fácil.

HUGO:

No lo entiendo. No podéis estar siempre así.

LILY:

La historia tiene muchas capas, Hugo.

No es todo blanco o negro.

HUGO:

Ya, como en la política.

LILY:

Voy a contarte algo. Ayer en la cena no fui capaz...

HUGO:

Te has puesto muy seria. ¿Qué ocurre?

(Silencio).

Lily mira la taza entre sus manos, toma aire.

LILY:

¿Me prometes que no se lo vas a contar a nadie?

HUGO:

(Dejando el café en la mesa, ya inquieto).

Me estás asustando.

Pausa larga. Lily busca las palabras.

LILY:

(Mirándolo fijamente).

Paula se muere.

HUGO:

¿Qué?

LILY:

Le dieron un año de vida. Y ya han pasado dos.

Está en tratamiento.

Mierda, cuando una enfermedad te afecta así

te vuelves irascible, desconfiada, no sé.

Pero ella no es mala persona.

(Silencio).

HUGO:

(Deja la taza sobre la mesa, se pone de pie, camina en silencio).

Lo siento mucho...

Perdona por lo de arpía.

(Silencio).

¿Por qué no me lo has dicho antes?

LILY:

Iba a hacerlo.

Pero justo fue lo de tu divorcio...

No quería echarte más mierda encima.

HUGO:

Ya...

Debe de ser muy duro.

(Hugo se detiene, se acerca a su amiga y la abraza).

LILY:

En realidad, ella no quiere que se sepa,

aunque, desgraciadamente,

se irá sabiendo.

HUGO:

¿Tú cómo te sientes?

LILY:

Imagínate...

Aunque, ya que estamos,

me gustaría contarte algo más.

HUGO:

Vaya, dame un par de segundos.

Deja que me prepare...

(Hugo se vuelve a sentar en el sofá).

LILY:

(Haciendo círculos con su mano en su vientre).

¿Qué te parece?

HUGO:

¿Qué me parece qué?

LILY:

Esto.

HUGO:

(Frunciendo el ceño, sin entender).

¿El qué?

LILY:

(Se acaricia el vientre y mira a Hugo sonriendo).

Ay, pues esto, tonto.

Que vas a ser tío.

HUGO:

Pero ¿cómo?

No entiendo nada.

LILY:

Antes de que le detectaran el cáncer a Paula

ya habíamos comenzado el proceso.

(Pausa breve).

Digamos, como se dice vulgarmente,

que ha cuajado ahora.

El óvulo es suyo,

pero va a crecer dentro de mí

y las dos seremos su mamá.

(Pausa larga).

Hugo, contrariado, se levanta y deambula por el salón, hasta que se sienta en el suelo, cerca del espejo.

HUGO:

He pedido una excedencia en el trabajo.

He tirado todos mis medicamentos por el retrete.

Pero hoy sería un buen día para ir a la oficina,

o tomarme una caja entera de Lorazepam,

que es lo mismo.

(Silencio).

LILY:

(Conciliadora. Se acerca a Hugo y se sienta a su lado).

Como en *Aterriza como puedas...*

(Pausa).

Hugo evita su mirada, pero finalmente le sigue el juego.

HUGO:

¡Escogí un mal día para dejar de fumar!

LILY:

¡Escogí un mal día para dejar de beber!

HUGO:

¡Escogí un mal día para dejar los tranquilizantes!

HUGO, LILY:

¡Escogí un mal día para dejar de oler pegamento!

(Se ríen).

HUGO:

(Mirando a Lily).

¿Por qué lo haces?

(Silencio).

¿No te das cuenta

de que es una huida hacia delante?

Ojalá no suceda tan rápido,

pero puede que seas madre viuda.

Tienes cuarenta y tres años,

por el amor de Dios.

LILY:

Cuarenta y cinco. Por eso, Huguito.

Es mi última oportunidad de ser madre.

HUGO:

No sabía que querías ser madre.

LILY:

Ni siquiera yo lo sabía.

Pero cuando Paula me habló de ello hace unos años,

no sé, vi la barrera del tiempo tan encima.

HUGO:

Y quién es el padre, si puedo saberlo.

LILY:

Anónimo.

HUGO:

Genial, tu bebé tendrá un DNI

donde diga hijo de Paula y Anónimo.

LILY:

No seas carca, por favor.

Paula y yo somos las madres.

Lo seremos siempre.

HUGO:

Ni siquiera tendrá tus rasgos.

LILY:

Es un regalo, compréndelo.

No hubiese podido sola,

mis óvulos no son fértiles.

(Pausa larga).

¿Recuerdas aquella noche,

en Las Cuevas de Sésamo?

HUGO:

¿Qué?

LILY:

El olor a tabaco rancio y sangría barata.

Tú recitabas poemas con las mejillas rojas,

parecías Heidi.

HUGO:

Sí, el vino peleón me pone colorado.

(Se ríe).

Bueno, la mitad de la noche sigue confusa para mí.

Hará veinte años de eso, por lo menos.

LILY:

Estábamos en segundo de carrera.

Y yo estaba enamoradísima de ti, ¿sabes?

HUGO:

Ya, claro, por eso salías con la pelirroja esa,

la que tenía tan mala leche.

LILY:

¿Elisabeth? Sí, era muy tóxica.

Claro, que en aquella época

ni siquiera usábamos esa palabra.

HUGO:

Menudo pedo nos pillamos con la sangría.

Recuerdo que tú también saliste a recitar.

Y el pianista aquel...

LILY:

(Riendo).

Y no me preguntes cómo,

pero estábamos desayunando en San Ginés

a las seis de la mañana. Me besaste.

HUGO:

Fuimos novios formales una noche

por las calles de Madrid.

LILY:

Parece una canción de Mecano.

HUGO:

De Sabina, más bien.

LILY:

Cariño, nuestro amor es el amor de pareja

más puro y romántico que existe,

porque es imposible.

HUGO:

Ya.

LILY:

Soy lesbiana, eso no va a cambiar.

HUGO:

Lo sé.

LILY:

(Señalando su vientre con la mirada).

Por eso quiero que seas su padrino.

HUGO:

¿Yo? ¿Por qué yo?

LILY:

Porque durante estos años,

cuando he desaparecido,

tú siempre me has encontrado.

(Pausa breve).

Siempre me has apoyado con mis expos.

Joder, cuando tuve COVID,

me trajiste comida con un pasamontañas.

(Pausa breve. Hugo sonríe).

Porque eres una buena persona.

Y nunca has dejado de quererme.

Ni yo a ti.

Se quedan mirando cariñosamente hasta darse un discreto beso en los labios.

HUGO:

De acuerdo. Te perdono.

LILY:

Tonto.

HUGO:

Además, me retracto.

Si todas las mañanas a tu lado son así,

ya no quiero despertar contigo.

(Se ríen).

Pausa. Ambos se incorporan lentamente del suelo, recuperando la compostura. Se sientan a la mesa.

LILY:

¿Cuántos años tiene ya tu peque?

HUGO:

¿Lucca? Diez años. Diez para once.

Me encanta esa expresión. Diez para once.

Como si pudiera tener diez para nueve...

(Silencio reflexivo).

Está hecho todo un artista, ¿sabes?

Escribe cuentos.

LILY:

Como su padre. Los tuyos son muy buenos.

Igual que tus poemas.

(Pausa breve).

Todavía me acuerdo de los de la universidad.

Deberías publicarlos.

HUGO:

Gracias. Podría ser...

LILY:

Seguro que Lucca llega muy lejos.

HUGO:

El otro día estábamos merendando aquí mismo.

Y me preguntó: «¿Papá, cuántos años tenías

cuando dejaste de ser un niño?».

Todavía le estoy dando vueltas.

(Silencio).

Lily, quiero hacer muchas cosas

y el tiempo se va.

¡Qué digo el tiempo,

el mundo entero se acaba!

LILY:

Oye, qué maja es Astrid, ¿verdad?

Podrías quedar con ella una tarde y le enseñas Madrid.

Está perdidísima.

HUGO:

Lily, podría ser su padre.

LILY:

¡Pero no lo eres!

¿Qué tiene que ver eso con salir y divertirse un rato?

Que te tomas un café y te casas.

¿Cuánto tiempo llevas aquí encerrado?

(Pausa breve).

Vale, te veo mejor.

Pero no todo tiene que ser tan triste.

Ya te lo dije anoche, no quiero más dramas.

Voy a escribirle.

Lily saca el móvil. Hugo intenta quitárselo. Forcejean durante un instante bajo unas luces intermitentes que subrayan la comicidad de la escena. Finalmente, Lily gana y se marcha a un rincón del escenario para mandarle un mensaje a Astrid.

Pausa larga, mientras escribe.

Mientras tanto, Hugo se acerca al espejo y se mira en él. Se toca la pierna. Hace un amago de subirse la pernera, pero finalmente desiste y vuelve a la mesa.

LILY:

¡Ya está! Dice que sí,

que el miércoles no tiene clase.

Tienes una cita.

HUGO:

¡Madre mía!

LILY:

Enséñale el centro, os tomáis algo y ya está.

Tampoco te embales, Romeo,

que es una cita amistosa.

HUGO:

(Con ironía).

Ya, ya, que yo me tomo un café y me caso.

(Pausa).

LILY:

¿Y qué vas a hacer hoy?

HUGO:

¡Escribir!

Y reconcomerme por todo lo que me has dicho.

LILY:

(Dándole un abrazo).

Anda, intenta disfrutar un poco de la vida.

Me tengo que ir. Nos vemos pronto.

(Lily se marcha).

(Pausa).

HUGO:

(Dirigiéndose al público).

Tenemos que hablar.

Paula se muere.

Y yo no sé cuánto tiempo me queda.

Estoy desapareciendo cada vez más rápido.

(Silencio).

Sé que Lucca va a estar bien cuando me vaya,

pero a lo mejor no alcanzo a ver nacer a mi ahijado.

¡Mi ahijado!

Hugo se encamina hacia la máquina de escribir. Saca el papel en el que Lily ha escrito antes, al principio del acto. Lo lee en voz alta.

HUGO:

Te quiero, tonto.

(Pausa).

Se queda mirando el papel, pensativo. Luego, levanta la vista y con una repentina explosión de energía se dirige al público. Levanta un puño, con determinación.

HUGO:

¡Voy a escribir la mejor novela de este siglo!

(Pone otro papel en la máquina de escribir y comienza a teclear).

Fundido a negro.

Fin del acto II.

ACTO III

ESCENA 1

Se encienden las luces.

Apartamento de Hugo por la mañana, unas semanas después.

Suena «Let's Do It, Let's Fall in Love», en la versión de Eartha Kitt.

Hugo está tecleando en su máquina de escribir, de pie. Termina de escribir y revisa lo que ha escrito, sin sacar la hoja del todo. Se encamina entonces al centro del salón.

La música baja de volumen.

HUGO:

(Dirigiéndose al público).

¿No es increíble la vida?

Estoy saliendo con Astrid Larsen.

Lily tiene razón: me tomo un café y me caso.

(Pausa breve).

Todo ha sucedido
tan naturalmente que asusta.
¡Soy casi veinte años mayor que ella,
por el amor de Dios!
Y, sin embargo,
nos llevamos tan bien...
(Pausa breve).
¿Por qué lo fácil me asusta tanto?
¿Por qué cuando algo fluye sin esfuerzo
parece que hay una trampa escondida?
¿Tiene que ser todo siempre
tan enredado, tan complicado?
(Pausa breve).
Sí, he seguido desapareciendo.
(Se toca la pierna derecha).
Mi pierna se ha evaporado casi hasta la ingle.
Y el pie izquierdo también.
Si me quedara en calzoncillos,
pensaríais que estoy flotando.
Astrid dice que ella me puede ver.
Supongo que no quiere hacerme daño.
(Silencio).
Han sido unas semanas preciosas....

(Se atenúan las luces).

Entra en escena Astrid. Lleva un pañuelo azul de seda al cuello. Se sienta a la mesa, como si estuviera en un restaurante.

ASTRID:

Me encanta la tortilla. Con cebolla.

Sin cebolla tiene menos sabor.

HUGO:

(Se sienta también).

Pues lo insípido ya casi no existe, ¿sabes?

Lo deben de estar digitalizando.

Ahora todo tiene mucho sabor.

Lo que nos parece soso o insípido

sería orgásmico para alguien del siglo XIX.

ASTRID:

Orgasmisk.

HUGO

¡*Orgasmisk!* Me gusta el danés.

(Pausa breve).

La tortilla de patatas es un debate nacional.

Hay varios frentes abiertos,

con cebolla o sin cebolla,

cuajada o líquida...

ASTRID:

Qué interesante.

(Astrid mira la carta).

Mira, podríamos pedir las croquetas de bacalao.

HUGO:

Buena idea.

ASTRID:

Oye, gracias por acompañarme estos días, Hugo.

Me siento muy a gusto contigo.

HUGO:

No hay de qué.

Yo también estoy muy a gusto contigo.

(Brindan).

HUGO:

Ayer leí un artículo acerca de *hygge*.

Dicen que Dinamarca es uno de los países

más felices del mundo.

ASTRID:

Sí. Hace mucho frío todo el año,

eso es como sentarse frente a la chimenea en casa

y disfrutar de un buen libro.

HUGO:

Estar a gusto. *Carpe diem*.

ASTRID:

Pero con calcetines de lana.

Se pronuncia «hiuga», con la hache aspirada.

También puede ser, no sé, una terraza al sol con amigos.

HUGO:

Hi - u - ga.

ASTRID:

Algo así. Se parece a tu nombre,

pero en femenino: Huga.

HUGO:

Muy graciosa.

(Se ríen).

(Pausa breve).

ASTRID

¿Te puedo hacer una pregunta?

HUGO:

Adelante.

ASTRID:

Sé que estás divorciado y tienes un hijo, pero...

¿Tienes pareja?

No quiero que se enfade por estar contigo.

HUGO:

No, qué va, llevo solo bastante tiempo.

ASTRID:

Ah, ¿no has querido rehacer tu vida?

HUGO:

(Pausa breve. Hugo juega con la servilleta. Suspira).

Bueno, al principio.

Cuando me divorcié, empecé a coquetear por las redes.

Pero me dejaban en visto, me hacían *ghosting*,

me echaban miguitas de pan,

no sé, era todo muy confuso.

(Pausa breve).

Al cabo de unos meses,

tenía la sensación de haber estado inmerso

en varias relaciones traumáticas,

cuando, en realidad, ni siquiera había salido de casa.

Es un mundo desconocido para mí.

ASTRID:

¿Con nadie?

HUGO:

Bueno, hubo una mujer. Lucecita.

La conocí en el cumpleaños de un amigo.

Me llevó a su casa y me pidió que la atase,

le iban esos rollos.

(Pausa breve).

Yo que de pequeño tardé tres meses
en aprender a atarme los cordones,
imagínate.

ASTRID:

Lucecita, ¿eh?

HUGO:

Sí. Se ponía una bola roja en la boca.
Ella no podía hablar y yo no sabía qué hacer,
no veía nada con la luz de las velas.
En fin, un desastre. ¿Y tú?

ASTRID:

(Dudando).
Ah, sí, estoy con alguien. Magnus. Se llama Magnus.

HUGO:

Ya. Entiendo.
Pues ese Magnus tiene mucha suerte.

ASTRID:

¿Y tú y yo, cómo seríamos?
¿Qué tipo de apego sentirías conmigo?

HUGO:

¿Contigo? Pues no sé, déjame pensar, a ver...
Por la diferencia de edad, apego evitativo,
pero sería miedo al rechazo,

sobre todo al principio. ¿Y tú?

ASTRID:

¡Espero que ninguno!

Apego ansioso tal vez,

pero sería por miedo a la soledad,

hasta que me habitúe a estar en Madrid

y que no salgas corriendo.

HUGO:

Tengo un contador Geiger en casa,

para medir la radioactividad.

ASTRID:

¿También somos radiactivos?

HUGO:

Tóxicos y radioactivos.

Yo brillo en la oscuridad, ¿tú no?

ASTRID:

Nadie se ha quejado hasta ahora.

HUGO:

Si nos tocamos,

tal vez generemos un agujero negro.

ASTRID:

(Sonriendo).

Será mejor dar un paseo.

HUGO:

Vale.

Fundido a negro.

ESCENA 2

Se encienden las luces. Hugo y Astrid están sentados en el sofá, cada uno con una copa.

HUGO:

Aquí los cócteles son buenísimos.

ASTRID:

Es un sitio muy *hygge*. Gracias.

¿Qué me estabas contando?

HUGO:

Ah, que algunas personas se casan con todo.

ASTRID:

¿Se casan?

HUGO:

¡Con cualquier cosa! Si un zapato les queda bien,

se casan con el modelo o con la marca,

para lucirlo toda la vida.

ASTRID:

Eso les da seguridad.

HUGO:

Entonces hacen listas,

los diez mejores desodorantes,

los diez mejores restaurantes.

Incluso cuando se compran unas gafas de sol,

ya se imaginan cuidándolas toda la vida,

como si fueran un Rolls-Royce histórico.

(Hugo le da un sorbo a su copa y prosigue).

Se casan con todo para tener la sensación

de que algo en sus vidas puede perdurar.

ASTRID:

Te entiendo, viven frustrados

porque el mundo cambia muy rápido.

HUGO:

(Mirando sus botas).

Necesitamos seguridad.

ASTRID:

¿Te has puesto triste de repente, Hugo?

¿Estás bien?

HUGO:

(Mirando a Astrid a los ojos).

No pasa nada. ¿Te puedo decir una cosa?

Me fascinan tus ojos. Me transmiten paz.

ASTRID:

¿Y por eso no me besas?

HUGO:

Ah, pero...

¿Una danesa besando en público?

Lo nunca visto.

ASTRID:

Es que yo no soy una danesa normal.

HUGO:

Ya veo...

(Hugo se mira la pierna).

Pausa breve.

HUGO:

Astrid, esto es muy halagador, pero yo...

No puedo. Tú sales con Magnus.

Su nombre no me inspira mucha confianza.

Si se llamara Toby o Bobby...

ASTRID:

Magnus no existe.

HUGO:

¿Perdón?

ASTRID:

Me lo inventé.

Quería hacerme la interesante, como vosotros.

Tener conflictos. Esas cosas...

HUGO:

(Sorprendido).

Nosotros somos unos neuróticos sin remedio.

(Pausa breve).

Así que Magnus...

Pues le pusiste un nombre muy disuasorio.

Comienza a sonar «Never Tear Us Apart», de INXS, de fondo, sin opacar el diálogo.

ASTRID:

Improvisé.

HUGO:

Astrid, tengo casi veinte años más que tú.

ASTRID:

Ay, ya, cállate.

(Se besan).

Sube el volumen de la canción.

Fundido a negro.

ESCENA 3

Baja el volumen de la música. Se encienden las luces. Astrid ha salido de escena. Hugo está de pie, tecleando en la máquina de escribir, como al principio del acto.

Aparece en escena don Manuel, seguido por una luz cálida, por el lateral izquierdo del escenario.

DON MANUEL:

Eso es. Deberías centrarte en la novela.

HUGO:

¡Don Manuel! ¡Cuánto tiempo!

DON MANUEL:

Estaba jugando al golf y por tu culpa

he fallado un *birdie* en uno.

HUGO:

Pero si usted es imaginario.

Y además es el obstetra de mi exmujer.

DON MANUEL:

Lo era. Me jubilé hace un par de años.

HUGO:

Ah, por eso el tiempo libre.

DON MANUEL:

Céntrate en la novela, Hugo,

no le des tantas vueltas a las cosas.

Sufres un trastorno dismórfico corporal,

nada más.

HUGO:

Ya, ya... Como Michael Jackson.

Aunque a mí me están borrando, no es lo mismo.

Menos mal que no duele.

DON MANUEL:

¿Sería mejor si doliese?

HUGO:

No, supongo que no...

(Pausa breve).

Cuando me divorcié,

perdí el interés por todo, ¿sabe?

(Pausa breve).

No soy de los que se suicidan ni nada de eso,

pero no me apetecía seguir adelante,

continué como si estuviera en piloto automático.

(Pausa breve).

Ahora las cosas han cambiado.

Está Astrid... Y la novela.

DON MANUEL:

Y Lily.

Y tu hijo.

HUGO:

Lucca. Yo... Siento que le he fallado.

DON MANUEL:

Hazlo por él. No desaparezcas.

Escribe esa novela. Sé un referente.

Existen millones de padres en el mundo,

pero tú eres el único que es el suyo.

HUGO:

(Suspirando).

Gracias, don Manuel. De todas formas,

es que no sé cómo evitar mi desaparición.

Él va a estar bien cuando me vaya.

DON MANUEL:

Lucca siempre va a necesitar una guía en tu esfera.

HUGO:

¿En mi esfera, qué esfera?

DON MANUEL:

Lucca ya ha escrito algunos cuentos, va a clase de piano.

¿Has visto cómo dibuja? Menudo artista está hecho,

habita exactamente en el mismo lugar que tú.

Una esfera que muy pocos comprenden.

HUGO:

¿En serio?

Yo tampoco la comprendo.

DON MANUEL:

Claro que sí.

HUGO:

Ojalá fueran las cosas tan fáciles.

DON MANUEL:

¿Y por qué no?

Algunas cosas pueden ser fáciles.

Inténtalo, Hugo.

Inténtalo...

Fundido a negro.

Fin del acto III.

ACTO IV

ESCENA 1

Se encienden las luces.

La escena se sitúa en el sofá del apartamento de Hugo, recreando la atmósfera de un banco en el Parque del Retiro durante un soleado día de otoño.

Hay hojas amarillas esparcidas por el suelo. De fondo, suena «No Ordinary Love», de Chris Botti.

Hugo está sentado, con un cuaderno sobre las rodillas, perdido en sus pensamientos. Lleva gafas de sol.

La música baja de volumen.

Lily aparece en escena, caminando despistada, hasta que se topa con Hugo.

LILY:

¿Hugo?

HUGO:

¡Lily! ¡Qué sorpresa!

Se dan dos besos.

LILY:

Pero, bueno, ¿qué haces en el Retiro?

Se escucha sonido de hojas secas.

HUGO:

Aterrizando algunas ideas para la novela.

Intentando encontrar la inspiración

en las hojas amarillas,

los tonos ocres de los árboles,

los sonidos de los pájaros,

esas cosas...

LILY:

Hace un día de otoño precioso.

HUGO:

¿Cómo estás? ¿Cómo va todo?

LILY:

Bueno, ahí vamos...

Paula ya está en casa.

Ha estado unos días en el hospital.

Pausa incómoda.

HUGO:

(Tomando su mano).

Ojalá se recupere pronto.

¿Y tu semillita?

Se empieza a notar. Estás muy guapa.

LILY:

(Tocándose el vientre).

¡Gracias!

Estamos muy bien.

Por cierto, ayer vi el selfi que publicó Astrid,

qué simpático.

HUGO:

(Sonriendo).

Sí. Nos compramos un *mochi*,

era como una pelota de tenis de grande,

y a los dos nos estalló a la vez en la nariz.

¡Teníamos que hacer la foto!

LILY:

Te lo dije.

Te tomas un café y te casas.

Pero genial, si todo está bien, todo está bien.

HUGO:

Muy profundo.

LILY:

¿Y cómo va la novela?

HUGO:

Todo en orden.

LILY:

¿De qué va?

HUGO:

Verás, la historia transcurre

en un cuadro de René Magritte.

Es una casa de muñecas.

Pero real.

(Pausa breve).

Dentro de una habitación.

Los habitantes llevan una vida normal...

Hasta que ocurre un asesinato.

Llega un detective.

Empiezan las preguntas.

¿Quiénes son?

¿Qué hacen allí?

Ya sabes, esas cosas.

LILY:

Oh, suena prometedor.

Raro, pero prometedor.

HUGO:

Gracias.

Y tú, ¿qué haces por aquí?

LILY:

Estaba un poco agobiada y salí a caminar.

Bueno, no.

La verdad es que voy a comprar un medicamento

para Paula.

(Pausa).

Lily le da un sentido abrazo a Hugo.

LILY:

Me tengo que ir.

Pero tú y yo tenemos que hablar.

HUGO:

(Sonriendo).

A propósito, voy a enmarcar la nota que me dejaste.

LILY:

(Marchándose).

Tonto.

(Pausa larga).

Entra en escena Benavides, con ropa deportiva, corriendo por el parque. Se detiene al ver a Hugo.

BENAVIDES:

¡Huguito! ¿Cómo estás?

(Se saludan).

HUGO:

Aquí, meditando...

¿Y tú? ¿Entrenando?

BENAVIDES:

Sí, ya ves.

Mi nuevo papel tiene un montón de desnudos, así que...

HUGO:

¿El del Fantasma de las Navidades Futuras?

BENAVIDES:

¡Sí, ese! ¿Cómo lo has sabido?

Ah, te lo conté el otro día, ya me acuerdo.

HUGO:

Sí, en mi casa.

BENAVIDES:

Es que tengo una escena muy potente la semana que viene,

necesito perder un par de kilos ya. ¡Ya!

HUGO:

Me imaginaba que para ese papel

irías envuelto en una túnica o algo así.

BENAVIDES:

(Comienza a hacer estiramientos en el sitio).

Qué va, resulta que llevo una camiseta gris,

de esas que suelen usarse en los gimnasios de raperos,

sin mangas, pero con capucha.

Parezco Eminem.

(Hace más estiramientos).

En las escenas de sexo solo llevo puesta

una capucha de cuero, imagínate, como los halcones.

(Pausa mientras coge aliento).

¿Y tu chica?

HUGO:

¿Astrid? Tenía que estudiar.

(Pausa).

¿Y Alfonso?

BENAVIDES:

Pues ahí vamos.

Al final hicimos las paces, ¿te lo puedes creer?

Te digo algo, entre nosotros: creo que es un poco tóxico.

Los músicos tienen un carácter tan errático...

En fin, a ver qué va pasando.

HUGO:

Poco a poco.

BENAVIDES:

(Resoplando).

Dios tiene que ser director de cine.

(Pausa. Nuevos estiramientos).

Nos tiene a todos representando un papel,

te lo digo yo, para su entretenimiento y disfrute.

HUGO:

Mientras no sea el de Job...

BENAVIDES:

O algo peor.

HUGO:

Bueno, sí...
Podríamos estar en una película de Lars von Trier.

BENAVIDES:

¡Muy bueno!,

Pues a mí no me importaría trabajar con él,

te exprime al máximo.

En fin, me voy, que me enfrío.

Nos vemos en otra ocasión.

Saludos para Astrid.

HUGO:

Gracias.

Benavides sale de escena.

Pausa larga.

Sonidos de parque y otoño.

Entra en escena don Manuel y se sienta en el banco junto a Hugo. Señala las hojas caídas.

DON MANUEL:

Dicen que el otoño es la primavera de los poetas.

HUGO:

¡Don Manuel!

¿Pero usted también está aquí?

DON MANUEL:

¡Tú sabrás!

Yo acudo cuando tu imaginación lo requiere.

HUGO:

No me diga usted eso, empiezo a preocuparme.

DON MANUEL:

¿Por qué?

HUGO:

Porque usted no existe, ¿verdad?

Sin embargo, hablamos de vez en cuando.

¿No será que estoy en coma

y que todo esto me lo estoy imaginando?

DON MANUEL:

¿Ah, sí? ¿Eso piensas?

Interesante...

HUGO:

Ese es uno de mis grandes temores.

Estar en coma y que todo sea un sueño.

Usted, en la vida real, sería mi doctor
y cada vez que viene a hacerme una revisión
yo lo incluyo en mis sueños.

DON MANUEL:

Si estuviéramos en un sueño lúcido
yo podría transformarme, no sé,
en alguna de esas actrices que te gustan.

HUGO:

No sea básico. A mí me gusta Astrid.

DON MANUEL:

Et voilà. Por eso estoy aquí.

HUGO:

¿Para qué, concretamente?

DON MANUEL:

Para decirte que te estás enamorando de ella.

HUGO:

Ah, no, qué va. Es algo pasajero,
hasta que se ponga a estudiar para los exámenes
o algo así.

DON MANUEL:

Lleváis juntos unas semanas
y ya estáis estrechando todos los lazos
habidos y por haber.

(Don Manuel sacude la muñeca).

¡Menuda velocidad lleváis!

HUGO:

Nada, como mucho hasta el verano.

Su beca dura hasta julio

y luego se marchará a su país.

DON MANUEL:

Te veo limpiando y haciendo camas

en un gélido hotel nórdico.

HUGO:

(Mirándose las botas).

Quién sabe.

Para julio habré desaparecido del todo.

DON MANUEL:

¿Todavía seguimos con eso?

Trastorno dismórfico corporal, recuerda.

HUGO:

Ya, como Michael Jackson...

(Pausa breve).

Oiga, ¿por qué ahora?

(Pausa breve).

¿Qué ha pasado para que me diga

que me estoy enamorando de ella?

DON MANUEL:

Ayer le diste un beso en la frente.

HUGO:

Ah... ¿Solo por eso?

(Silencio).

Fundido a negro.

ESCENA 2

Se encienden las luces. Nuevamente, el escenario representa el apartamento de Hugo Neblín. Es de noche. Hugo y Astrid están acurrucados en el sofá, acaramelados. Astrid lleva un suéter grueso.

HUGO:

No se te ocurra contarme

con cuántos chicos has estado.

Soy un celoso retrospectivo.

ASTRID:

(Riendo).

¿Retrospectivo?

HUGO:

Sí, tengo celos de todos los que han estado contigo,

aunque no los conozca.

ASTRID:

Ja, ja, ja. No han sido tantos.

HUGO:

No quiero saberlo.

ASTRID:

El primero fue Lars, pero casi no cuenta,

éramos muy jóvenes.

HUGO:

¿Muy jóvenes? ¿El año pasado?

ASTRID:

No, exagerado, hace cuatro o cinco.

Más tarde vino Nicolai.

HUGO:

Que no, que no quiero saberlo.

(Finge tararear una canción).

La, la, la...

ASTRID:

Jørgen, el chico ese en una fiesta de Navidad.

Esben, Antonio, un español.

HUGO:

¿Un español?

¿Ya habías estado con un español?

ASTRID:

Sí, en Cádiz, fue muy bonito.

HUGO:

¡No quiero saberlo! La, la, la...

ASTRID:

En Jerez de la Frontera.

HUGO:

¿Ves? Ahora tendré que borrar Jerez de la Frontera

de mi lista de destinos turísticos.

ASTRID:

(Riendo).

Eres muy gracioso.

HUGO:

(Riendo también).

Es broma, por supuesto.

(Pausa breve).

Lo único que importa es el presente.

Carpe diem. Hygge.

Silencio

Hugo se levanta. Rebusca junto a la máquina de escribir y regresa al sofá con un dibujo de Lucca.

HUGO:

(Orgulloso).

¡Mira! Lo ha dibujado Lucca.

ASTRID:

¡Eres tú! ¡Qué realismo!

A ver si me lo presentas.

HUGO:

Un día.

Se besan.

Fundido a negro.

ESCENA 3

Hugo está de pie, tecleando en la máquina de escribir. De repente, se detiene, arranca la hoja, la hace una bola y la lanza al suelo con frustración.

Se quita los pantalones, quedándose en calzoncillos. Se observa en el espejo, respirando agitado, tocando su pierna desaparecida que el público puede ver claramente.

De pronto, se deja caer al suelo, llorando.

Pausa dramática.

Aparece en escena Astrid, por la izquierda, proveniente del dormitorio, en pijama o camisón.

ASTRID:

¿Qué te pasa, cielo?

HUGO:

Nada, déjame.

ASTRID:

¿Pero qué ocurre, qué tienes?

HUGO:

No lo ves, ¿esto es lo que quieres?

No sé cuánto tiempo me queda,

no te puedo ofrecer nada más que disgustos

e inseguridad.

ASTRID:

Pero yo estoy segura.

HUGO:

No te merezco, no merezco nada.

Se me había olvidado lo bonito que es esto,

tener a alguien a tu lado, amar...

Pero debe ser que ya he cumplido

mi misión en esta esfera.

Me están borrando, Astrid.

Chao. *Farvel.*

ASTRID:

Vas a estar bien. Tienes que luchar.

Hazlo por mí. Hazlo por Lucca. Por Lily.

No sé, encuentra tu motivo, pero hazlo.

HUGO:

¿No ves que no merece la pena?

Nunca escribiré un *Ulises* o un *Quijote.*

En julio te marcharás, si es que yo sigo aquí.

Y Lucca me necesita cada vez menos.

ASTRID:

(Enfadada. A punto de sollozar).

Hugo, sabes que me encanta España.

Y solo son cuatro horas de avión, imbécil.

No te voy a dejar.

Astrid golpea el pecho de Hugo, como si su corazón se hubiese detenido y quisiera revivirlo. Un efecto de sonido, un retumbo grave, enfatiza el momento. Hugo reacciona y sujeta en tensión los puños de Astrid.

Pausa dramática.

Se besan.

Pausa.

ASTRID:

Hugo, ¿has dicho *amar*?

HUGO:

¿Cómo?

ASTRID:

Lo bonito que es esto, amar.

HUGO:

Sí, creo que sí...

ASTRID:

Nadie sabe qué es el amor.

Ni siquiera los filósofos o los artistas.

Y suele acabar mal.

Por favor, no me ames.

Pausa.

Se miran con intensidad.

HUGO:

¿No?

ASTRID:

Sencillamente, sé tú mismo.

A mi lado, acompáñame, nada más.

Una vida dentro de esta, o lo que dure.

HUGO:

¿Pero qué seguridad te puedo dar?

Silencio.

ASTRID:

La seguridad no existe.

Es como pasar la vida buscando unicornios.

O iguanas azules...

HUGO:

¿Iguanas azules?

ASTRID:

Yo qué sé.

Imagínate desperdiciar la vida buscando algo que no existe, sin ver lo que realmente tienes a tu lado.

Empeñándote en encajar piezas que no encajan.

No todo tiene que ser tan complicado.

HUGO:

¿El puzle de una iguana azul?

ASTRID:

(Riendo).

¡Sí!

Se abrazan.

Hugo besa a Astrid en la frente.

Fundido a negro.

Fin del acto IV.

ACTO V

Se encienden las luces. Apartamento de Hugo. Tarde. Suena «Sing, Sing, Sing» de Benny Goodman.

Hugo aparece en escena, vistiendo solo un bóxer y unas botas estilo Dr. Martens. Baila al ritmo de la canción, mientras se examina los brazos y las piernas. Está convencido de que ha desaparecido por completo, que es invisible, que solo quedan sus botas y su calzoncillo, flotando en el aire. Sin embargo, el público puede verlo perfectamente.

La música baja de volumen y Hugo cae rendido en el sofá, con una carcajada histriónica.

Don Manuel aparece en escena, por el lateral izquierdo. Luz tenue.

Se sienta en una silla.

DON MANUEL:

Recuerda, trastorno dismórfico corporal.

HUGO:

(Recuperando el aliento tras el bailoteo).

¡Don Manuel! Hoy casi me alegro de verle.

DON MANUEL:

Tal vez deberías volver al médico.

HUGO:

¿A ese psiquiatra gris?

DON MANUEL:

¿Gris?

HUGO:

Todo es gris en él, su pelo, su piel, su mesa...

Y su consultorio huele horrible,

a humo de tabaco,

me dan arcadas solo de pensarlo.

DON MANUEL:

No te cae muy bien.

HUGO:

Paso.

DON MANUEL:

Pero cuando tomabas las pastillas

no estabas desapareciendo.

HUGO:

Ya, y cuando creía que tenía una familia tampoco.

¡Míreme! No puedo salir de casa así.

Estoy desolado.

¡Ya he desaparecido del todo!

(Pausa breve).

Como los conciertos en la tele,

como las medianoches en los cumpleaños,

como los chistes verdes,

como llamar por teléfono.

(Pausa breve).

Solo quiero terminar de escribir la novela

antes de que empiece a desintegrarme del todo.

¡Me están digitalizando!

¡El Informático Divino me reclama!

DON MANUEL:

Astrid podía verte.

HUGO:

¿Pero qué he hecho?

Era inteligente, hermosa, divertida, me quería.

¡Me quería!

(Pausa breve).

¡Pero no podía arruinar su vida por mí!

¿Qué puedo ofrecer yo

más que esta inconsistencia?

Míreme.

¡No soy más que un calzoncillo flotante!

(Pausa breve).

Hugo mira hacia la puerta. Luego baja la mirada y suspira.

A veces es un acto de amor dejar ir.

(Pausa breve).

Ayer me envió un poema.

De Pia Juul, su poeta danesa favorita.

Es precioso.

(Pausa. Hugo busca el móvil y lee el poema).

«El dulce miedo cuando
Copenhague huele a Madrid[1],
cuando veo su
cuerpo en otro,
cuando quiero ser
un escándalo y una desgracia
y no quiero
no quiero ser elevada muy alto
y a la vez quiero
solo eso».

(Pausa).

(Hugo se enjuga las lágrimas, incapaz de disimular la emoción).

(Pausa).

Don Manuel sale discretamente de escena, mientras Hugo se gira hacia el público.

Soy yo, tranquilos.

1. *París en el original.*

Ya sé que solo veis mis botas y un calzoncillo flotante.
Es que he desaparecido por completo.
El proceso se aceleró hace unas semanas...
(Pausa breve).
Le dije a Astrid que era mejor dejar de vernos.
Ella no lo entiende.
Ahora está en Dinamarca, unos días.
Por Navidad.
(Pausa breve).
Yo he pasado las fiestas solo,
ni siquiera he visto a Lucca.
Bueno, por videollamada, aunque le dije
que mi cámara estaba rota.
Para que no me viera así.
Nunca mejor dicho,
para que no me viera...
(Pausa breve).
Astrid y yo seguimos hablando de vez en cuando.
La echo de menos. El dulce miedo.
¡El dulce miedo!
¿Pero qué otra cosa podía hacer?
Llaman a la puerta. Hugo vacila. No sabe si abrir o no.
Pausa.

Vuelven a llamar

LILY:

(Desde afuera).

¡Hugo! Abre, soy yo.

HUGO:

Eh... No puedo abrir ahora.

LILY:

Vale, ¿estás con alguien?

Puedo esperar.

HUGO:

No, no es eso.

LILY:

Pues abre, porfa.

Necesito hablar contigo.

HUGO:

Yo, eh... Bueno. ¡Pero no te asustes!

LILY:

¡No te asustes tú!

Lily entra, ignorando completamente el hecho de que Hugo esté en calzoncillos. Se echa a sus brazos, llorando.

HUGO:

¿Pero qué ha pasado ahora? ¿Se trata de Paula?

LILY:

(Sollozando).

¡Hugo, estoy desapareciendo!

HUGO:

¿Qué?

LILY:

¡Sí, me estoy volviendo transparente!

HUGO:

(Estupefacto).

¿Qué?

LILY:

(Mostrando su mano izquierda).

¡Mira! Transparente hasta la muñeca.

Dios mío, ¿qué voy a hacer?

HUGO:

A ver...

LILY:

¡Mira, mira!

HUGO:

Pero, Lily, yo la veo.

LILY:

¿Qué dices?

HUGO:

¡Que yo la veo!

LILY:

No puede ser. Está transparente, ¿lo ves?

Es decir, no la ves, no la puedes ver.

HUGO:

¡Pues yo la veo!

LILY:

¡Que no!

A ver, ¿cuántos dedos tengo ahora?

HUGO:

Tres.

LILY:

¿Y ahora?

HUGO:

Cuatro.

LILY:

¿Y ahora?

HUGO:

Uno.

LILY:

(Recostándose en el sofá, tocándose el vientre con la otra mano).

Solo espero que no le afecte al bebé.

Es muy raro, joder, es que yo no la veo.

¡No veo mi propia mano!

HUGO:

(Sentándose en una silla al lado del sofá. Parecen psicólogo y paciente).

Es un trastorno dismórfico corporal.

Como Michael Jackson.

(Pausa breve).

LILY:

(Más tranquila).

No sé...

HUGO:

¿Cómo está Paula?

LILY:

(Mirando a Hugo con atención).

Muy malita.

Aunque hoy estaba un poco mejor.

Oye, ¿calzoncillos y botas?

Te estás volviendo excéntrico muy rápido.

Llaman a la puerta. Hugo se levanta para abrir. Parece haberse olvidado de su propia transparencia.

Entra Benavides caminando con rapidez, alterado.

BENAVIDES:

Hugo, tienes que ayudarme.

Benavides se sienta en una silla, sin reparar en Lily. Se descalza de un pie y lo muestra.

HUGO:

¡No me digas que tú también estás desapareciendo!

BENAVIDES:

(Preocupado, agitado).

¿Cómo lo sabes? Mira, está completamente transparente.

¡Invisible! ¿No sé qué me está pasando?

Estoy raro, tengo náuseas.

Es como si me estuvieran borrando o algo así.

LILY:

Bienvenido al club.

BENAVIDES:

(Reparando en Lily).

¡Lily! ¿Tú también?

LILY:

(Mostrando su mano).

Sí, mira.

BENAVIDES:

¿Tu mano está desapareciendo?

Pero no es lo mismo, yo la veo.

No como mi pie, que se ha vuelto invisible.

Oh, Dios mío, ¿qué voy a hacer en las escenas de desnudos?

LILY:

Pero yo veo tu pie.

BENAVIDES:

Y yo tu mano.

HUGO:

Vale, vale, un momento.

Lily, no puedes ver tu propia mano.

Y tú, Mario, no puedes ver tu propio pie.

(Pausa breve).

Pero los demás sí que podemos verlo.

¡No como yo, que soy transparente del todo!

¡Qué poco me queda para desintegrarme!

LILY:

¿Tú también estás desapareciendo, Huguito?

Yo te veo.

BENAVIDES:

Yo también.

Me gusta tu *outfit* de hoy, por cierto. Algo arriesgado...

¿Estás yendo al gimnasio?

(Pausa breve).

No sé, a lo mejor es culpa de la comida.

Todos esos pesticidas...

LILY:

O del aceite de palma.

BENAVIDES:

Eso, eso.

HUGO:

Un momento.

¿Me estáis diciendo que me podéis ver?

LILY, BENAVIDES:

¡Sí!

HUGO:

¡Pero si el Informático Divino me está reclamando!

Llaman a la puerta.

Pausa breve.

Silencio sepulcral. Todos se miran.

Vuelven a llamar.

HUGO:

(Dirigiéndose a la puerta).

¿Quedáis antes para aparecer a la vez?

Abre la puerta.

ASTRID:

(Desde la puerta).

Hola, Hugo.

HUGO:

¡Astrid! Yo...

ASTRID:

Antes de que digas nada, perdona por no avisar.

Acabo de volver de Dinamarca.

Han extraviado mi maleta en el aeropuerto,

y como aquí me dejé algo de ropa...

HUGO:

(Asombrado, sin saber qué hacer).

Sí, claro, pasa. No sabía que volvías hoy.

Astrid pasa y observa la escena con detenimiento. Lily está en el sofá, acostada, alzando una mano y mirándola con extrañeza, como si estuviera drogada. Benavides está sentado en una silla, contemplando su pie descalzo, mientras suspira. Y Hugo, en paños menores, pero con las botas puestas.

ASTRID:

¿Interrumpo algo?

HUGO:

Estamos desapareciendo.

ASTRID:

Ya, claro. Bueno, voy a recoger mis cosas

y me marcho.

Para que podáis seguir desapareciendo tranquilamente.

HUGO:

Espera. Yo...

Astrid, ¿tú puedes verme?

ASTRID:

Pues sí, ahí estás, en calzoncillos.

¿Estabais haciendo una orgía o qué?

HUGO:

No, no. Es que... ¡estoy desapareciendo!

Me están digitalizando. ¡En serio!

O eso creía. Porque a Lily le falta una mano

y a Mario un pie, pero yo puedo verlos.

(Pausa breve).

Astrid los mira a todos como si estuvieran locos.

HUGO:

A mí me falta todo el cuerpo.

ASTRID:

Ya, claro.

LILY:

¿Tú puedes ver mi mano?

ASTRID:

Sí.

BENAVIDES:

¿Y mi pie?

ASTRID:

También. Lo veo perfectamente.

LILY, BENAVIDES, HUGO:

¿Pero qué nos está pasando?

ASTRID:

Estáis fatal.

Hugo y Astrid se quedan mirando fijamente. Astrid entorna los ojos, analizando a Hugo. Sus miradas son tensas y muy serias.

HUGO:

Discúlpame, cielo.

Es que no quería hacerte pasar por esto.

No me queda mucho tiempo.

ASTRID:

Hugo, no te pasa nada.

Estarás nervioso por tu novela, por tu año sabático,

por aclarar tus ideas, yo qué sé...

HUGO:

Eso lo dices porque me quieres.

(Pausa breve).

¡Y vosotros! Vosotros me veis porque me queréis.

Igual que Lucca.

¡Por eso entre nosotros nos podemos ver!

ASTRID:

(Buscando su móvil).

¿Has probado a salir a la calle así?

HUGO:

Hace semanas que no salgo.

Astrid hace fotos con el móvil. A Hugo, a la mano de Lily, al pie de Benavides. Luego les hace señas para que se acerquen a donde está ella y vean las fotos.

ASTRID:

¿Veis? Aquí estáis los tres,

enteramente enteros,

completamente completos.

LILY, HUGO, BENAVIDES:

¡Toma ya! ¡Es verdad!

ASTRID:

Estáis chiflados.

BENAVIDES:

Tal vez es por la tensión. Yo estoy de los nervios.

Le han dado un papel a Alfonso en la serie.

¡A Alfonso! ¡Pero si él es cantante!

No ha actuado en su puta vida.

(Pausa breve).

Interpreta a Scrooge,

un millonario con una doble vida.

Filántropo de día y crápula de noche,
cuando aprovecha para enamorar a otros millonarios,
matarlos y ascender así en la lista Forbes.
(Pausa breve).
No sé por qué se presentó al *casting*.
Para vigilarme, estoy convencido. Es un tóxico.
Y todas las escenas de sexo que tiene...
Me ponen malo.

LILY:

Vi el episodio piloto el otro día.
Claro, Scrooge era Alfonso, ya decía yo.

HUGO:

Madrid está empapelada con carteles de la serie,
Redentores del más allá. Me gusta el título.
Aunque nunca hubiera imaginado
que *Cuento de Navidad*
pudiera ser tan sexual.

LILY:

Pues yo estoy de los nervios también.
Paula se muere,
su deterioro es cada día más evidente.
(Pausa breve).

BENAVIDES:

Vaya, lo siento. No lo sabía.

LILY:

Toda esa medicina tan ácida corriendo por sus venas.

Es horrible.

Me gustaría ser capaz de fabricar este bebé más rápido,

para que ella pueda llegar a conocerlo.

Es muy duro.

¡Pero si ni siquiera soy capaz de retener las náuseas!

Estar embarazada no es nada agradable, ¿sabéis?

Llevo semanas sin pintar.

BENAVIDES:

¿También estás embarazada?

LILY:

Sí, es una historia muy larga.

HUGO:

¿Pero por qué nos pasa esto?

¿Acaso le ocurre a todo el mundo?

LILY:

¡Es una crisis de identidad global!

Todos se miran entre sí, como si estuvieran a punto de entrar en pánico.

ASTRID:

Bueno, la solución está en lo que ha dicho Hugo antes...

LILY:

¿Qué ha dicho?

HUGO:

(Acercándose a Astrid. Ella se sorprende, pero se gira hacia él y le presta atención).

Astrid, he estado pensando,

disfruto mucho a tu lado...

(Pausa breve).

¡Quiero estar contigo!

No lo puedo negar,

pero me muero de miedo.

(Pausa breve).

No quiero que salga mal y no quiero hacerte daño.

Ni hacérmelo yo. Mi vida está patas arriba.

Estoy invirtiendo mucho en mi novela,

pero no tengo ninguna garantía de nada.

LILY:

¿La gente esa del cuadro de Magritte?

HUGO:

No, qué va.

Esa historia la he apartado de momento.

LILY:

¿Y eso?

HUGO:

Quiero ganar algún premio,

así que he cambiado de estrategia.

Soria, años 60.

Obdulia, una mujer de pueblo,

se enamora perdidamente del joven Ben Ali,

refugiado político.

BENAVIDES:

Suena bien. Yo podría interpretar a Ben Ali,

si hacen la película o la serie.

LILY:

No sé...

Yo prefiero el otro argumento, la verdad.

(Pausa breve).

HUGO:

(Dirigiéndose a Astrid de nuevo).

Cielo, me gustaría que sigamos juntos,

¿podrás perdonarme?

Lily y Benavides miran conmovidos la escena.

ASTRID:

Hugo, ¿por qué no me lo dijiste hace unas semanas?

He pensado mucho en ti estos días.

Me has hecho daño.

HUGO:

Lo siento.

(Pausa breve).

ASTRID:

De momento, yo tengo que terminar el máster.

Tengo que centrarme en ello.

Y también quiero estar contigo.

Pero sin agobios.

(Pausa breve. Astrid se mira las manos).

No sé, a lo mejor un día

yo también empiezo a desaparecer...

Voy a necesitar que estés ahí.

Hugo y Astrid se miran con cariño y se acercan lentamente.

LILY:

(Interrumpiendo).

Un momento, un momento...

HUGO:

¿Qué pasa ahora?

LILY:

Precioso todo, pero...

¡Yo no me veo la mano!

BENAVIDES:

Ni yo el pie...

LILY:

Pero Astrid ha dicho algo antes,

acerca de la solución.

ASTRID:

¿Yo?

Bueno, es lo que ha dicho Hugo.

BENAVIDES:

¿Y qué ha dicho?

HUGO:

Sí, ¿qué he dicho yo?

ASTRID:

Pues que si os veis entre vosotros es por algo.

(Pausa).

Cuando aprecias a alguien,

puedes verlo con claridad.

(Astrid se acerca a Hugo y toma sus manos con ternura).

A veces hay que apartar el desorden.

Ignorar ciertas cosas.

(Pausa).

Mirarnos a nosotros mismos
con ese cariño que le damos
a quienes más queremos.

(Pausa).

Fundido a negro.

EPÍLOGO

Se encienden las luces. Hugo está solo en el escenario, ya vestido. Astrid, Lily y Benavides han salido. Hugo se sienta en el sofá, mirando al público con una expresión de resignación y una leve sonrisa de aceptación.

HUGO:

(Dirigiéndose al público).

En fin, aquí seguimos,

en medio de esta insoportable ambigüedad,

desapareciendo o a veces apareciendo.

Qué más da.

(Hugo se levanta y camina hacia la máquina de escribir).

Desaparecemos, es inevitable,

como una copita de sol y sombra,

como levantar la mano para pedir un taxi.

(Pausa breve).

Como las antenas parabólicas en los tejados,
como los besos en público,
como las chaquetas de entretiempo...
(Hugo mira la máquina de escribir y luego al público).
Pero aquí estamos, y eso basta.
Porque mientras nos veamos,
de la forma que sea,
mientras sigamos hablando,
seguimos existiendo. ¿No es así?
Kierkegaard, danés, cómo no,
decía que atreverse
es perder el equilibrio momentáneamente.
(Pausa breve).
Ese sería un buen final para una novela.
¡Para cualquier novela!
En fin, he decidido escribir
una obra de teatro, ¿sabéis?
(Pausa).
(Hugo toma una hoja en blanco y la introduce en la máquina de escribir).
Seguimos, seguimos, claro,
no porque tengamos las respuestas,
sino, todo lo contrario,

porque no las tenemos.

(Pausa breve).

Y en esta búsqueda vital,

en esta incertidumbre absoluta,

nos vemos obligados

a encontrar una especie de paz.

(Pausa larga).

Foco estrecho sobre Hugo mientras teclea, en penumbra.

(Después saca la hoja y lee lo que ha escrito).

«Borrando a Hugo. Acto primero».

(Pausa breve).

¡Hoy han desaparecido los terrones de azúcar!

Hoy, precisamente hoy, que tengo invitados.

¿Alguien se acuerda de esos cubitos,

blancos o marrones, apelmazados,

que se echaban al café para endulzarlo?

(Pausa breve, buscando la reacción del público).

¡Azucarillos!

Sí, eso es. También se llamaban así.

El mundo entero se está desvaneciendo, joder...

Y cada vez más rápido.

(Mira al público, suspira. Sonríe con resignación).

Es verdad...

Cada vez más rápido.

(Silencio largo).

Fundido a negro.

Fin del acto V.

Fin de la obra

LA SALA DE ESPERA

Comedia metafísica en tres escenas

Nada sucede, nadie viene, nadie se va, es horrible.

Samuel Beckett, Esperando a Godot, 1953.

EL ESCENARIO

La sala de espera transcurre en un espacio indefinido, apenas esbozado, sin elementos decorativos que llamen la atención. Hay cinco sillas, dispuestas de forma básica, creando un ambiente neutro y vacío.

LOS PERSONAJES

ÉL

ELLA

ANCIANO

SEÑORA

ESCENA 1

Se encienden las luces. Los cuatro personajes están sentados en las sillas. Hay una silla vacía.

ÉL:

Ahora me siento más liviano, la verdad.

Etéreo incluso.

(Se toca la nuca).

ANCIANO:

Pues yo me tomaba media aspirina infantil.

Todas las mañanas.

ÉL:

¿Y eso?

ANCIANO:

Leí que era bueno para prevenir el infarto.

ÉL:

¿Y de qué murió usted?

ANCIANO:

De un infarto.

ÉL:

Vaya. ¿Agudo?

ANCIANO:

No. Del corazón.

ÉL:

Claro.

(Pausa breve).

ELLA:

A ver, hablemos de otra cosa. Por ejemplo.
¿Cuál era vuestra obsesión con la comida?
¿Algo que os gustara disfrutar a escondidas?

SEÑORA:

(Resoplando).

¡Ay, qué tontería!

ELLA:

¿Acaso tiene usted una pregunta mejor?
Algo habrá que hacer mientras esperamos.

(Pausa).

ANCIANO:

A mí me encantaban los taquitos de jamón.
Esos cortados en cuadrados pequeños
que se usan para cocinar.

(Pausa breve).

Abría el paquete y me los comía
como si fueran palomitas.

A veces dos paquetes.

(Se ríe).

ÉL:

Un infarto, ¿verdad?

ANCIANO:

Algo había que hacer.

ÉL:

A mí me privaba el helado.

Había una heladería italiana cerca de mi barrio.

Tenían un sabor que me encantaba.

Crema de 1947.

Qué maravilla.

(Hacia ella).

¿Y tú?

ELLA:

A mí me encantaban las Papadelta, uf, ¡qué adicción!

SEÑORA:

¿Y eso qué es?

ELLA:

Como patatas fritas *light*,

en forma de triángulos.

ÉL:

¡Ah, sí!

Ya me acuerdo.

Venían en una bolsa azul.

ELLA:

Sí, eso es.

Qué ricas.

(Hacia la señora).

¿Y usted?

SEÑORA:

No sé por qué habláis de comida.

¿Es que alguien tiene hambre aquí?

(Pausa breve).

ELLA:

Venga, es solo para pasar el rato.

SEÑORA:

Sí, eso es verdad. Qué remedio.

Algo habrá que hacer.

ELLA:

Muy bien, esa es la actitud.

SEÑORA:

Pues los dónuts.

Sobre todo los de azúcar.

Me los compraba a escondidas,

me los comía de dos en dos.

A mis hijos no les hacía mucha gracia.

Sobre todo al mayor.

Me lo tenía prohibido.

(Se echa a reír).

ANCIANO:

¿Y de qué murió?

SEÑORA:

¿Mi hijo?

ANCIANO:

No, usted.

SEÑORA:

Ah, no estoy segura.

Me acosté tranquilamente y luego...

Aparecí aquí.

(Pausa breve).

ELLA:

Seguro que fue un infarto.

Siempre fallecemos por un infarto.

Sea como sea, nuestro corazón se detiene.

ÉL:

A no ser que te corten la cabeza.

Cuando te decapitan como a Luis XV,

el corazón sigue palpitando

durante unos instantes.

ELLA:

Ya.

SEÑORA:

¿Seguro que estamos muertos?

(Se pone a llorar).

(Silencio).

ELLA:

También me gustaban las trufas de chocolate.

Pero supongo que eso ahora da igual.

ÉL:

A ver, ¿todos recordamos nuestra muerte?

Ya hemos hablado de eso antes.

Es un conocimiento instintivo,

casi visceral.

SEÑORA:

(Echándose nuevamente a llorar).

¡Yo no lo sé!

ELLA:

(Acercándose a la señora para consolarla).

Tranquila, somos espíritus,

no podemos sentir tanta tristeza.

ANCIANO:

Ni hambre, y no hablamos de otra cosa.

(Pausa).

ÉL:

Ese helado estaba riquísimo.

Era como de vainilla con un toque de limón.

(Pausa breve).

ANCIANO:

(Hacia la señora).

¿Su hijo ya murió?

SEÑORA:

¿Mi hijo? No, que yo sepa.

¿Usted conoció a mi hijo?

ANCIANO:

No, pero como lo ha mencionado antes...

SEÑORA:

Hasta donde yo sé, sigue vivo.

¿Cuánto tiempo llevamos aquí?

¿En qué año estamos?

ELLA:

(De pie, junto a la señora).

Quién sabe, podrían haber pasado años.

O un par de horas.

No estoy segura.

ÉL:

(Señalando la silla vacía).

Antes había un chico ahí.

SEÑORA:

No. Ese no era mi hijo.

ELLA:

¿Cómo se llamaba?

¿Alguien lo recuerda?

SEÑORA:

¿Mi hijo?

ELLA:

No, el chico de antes.

ANCIANO:

Oliver. O algo así. Eso dijo.

Desapareció.

SEÑORA:

¿Y qué pasa cuando desapareces?

ANCIANO:

No lo sé.

(Silencio).

ELLA:

¿Era guapo?

SEÑORA:

¿Quién? ¿Oliver?

ELLA:

No, su hijo.

SEÑORA:

Ah, sí, mucho.

(Pausa).

Pero mi marido era un cabrón.

Lo echó de casa.

Porque le gustaban los chicos.

ANCIANO:

Muy mal, eso no está bien.

A los hijos se les quiere siempre,

sin importar lo que pase.

Y a los nietos también.

(Pausa).

Yo me enfadé con mi hija.

Por un novio que tuvo.

Lo pasó muy mal.

Narcisista o algo así.

Eso decía.

Vamos, un cabronazo.

Qué pena.

En lugar de enfadarme,

tendría que haberla ayudado.

ÉL:

Realmente hay personas malas.

Lo digo por el narcisista, no por usted.

ANCIANO:

Mucho.

(Silencio).

SEÑORA:

¿Y a Oliver qué le habrá pasado?

ÉL:

Quién sabe.

(Pausa).

ELLA:

(Caminando por la sala con impaciencia).

Esto es insoportable.

¿Pero cuánto tiempo llevamos aquí?

ÉL:

Es obvio que hemos muerto.

Y esto es el limbo.

O el purgatorio.

No sé cuál es la diferencia.

ELLA:

Si tuviera el móvil,

podría consultarlo.

ÉL:

Aquí no hay móviles.

De momento.

Hasta que la industria tecnológica

se entere.

(Pausa).

¿Pero qué te pasa ahora?

ELLA:

(Explorando su rostro con las manos).

¡A lo mejor somos etéreos!

Sin forma. Vaporosos.

¡Tócame!

(Se acerca a donde está él).

ÉL:

Pensé que nunca me lo ibas a pedir.

(Se pone de pie y la acaricia,

con delicadeza).

Tienes forma y volumen. Eres real.

Y muy guapa también.

Hubiese coqueteado contigo.

ELLA:

(Más tranquila).

¿Ah, sí?

ÉL:

Sí. ¿Te puedo besar?

ANCIANO:

Toma ya.

ELLA:

¿Un beso? ¿En este lugar?

A lo mejor nos están observando.

Y yo tengo novio afuera.

ÉL:

¿Afuera?

ELLA:

Sí.

ÉL:

Tienes razón,

a lo mejor todo se reduce

a un gran hermano cósmico

y luego volvemos a casa.

(Se sienta).

En realidad, no noto nada en este lugar,

ni miedo ni tristeza ni alegría.

Pero pensé que tal vez un beso,

no sé, podría ser distinto.

ANCIANO:

El amor es la única respuesta.

(Silencio).

SEÑORA:

Yo quería mucho a mi hijo.

Todos los días nos llamábamos al móvil.

Cuando el energúmeno de su padre

estaba trabajando, claro.

No podía enterarse.

ANCIANO:

(Levantándose de la silla y estirándose).

La vida es muy dura.

SEÑORA:

(Se lleva la mano al pecho de repente, sorprendida).

¡Murió! ¡Mi marido murió!

(Silencio).

Ahora me acuerdo.

¡Murió!

ANCIANO:

Lo siento.

SEÑORA:

Usted no lo entiende.

ANCIANO:

¿El qué?

SEÑORA:

¿No lo veis? ¡Puede que mi marido esté aquí!

ELLA:

Ay, por Dios. ¿Pero dónde?
Ni siquiera sabemos dónde estamos nosotros.

ANCIANO:

En el purgatorio, estoy convencido.

SEÑORA:

¡¿Y si desaparezco
y me encuentro cara a cara
con él?!

ANCIANO:

Tranquilícese, señora.
(Pausa breve).
Si esto es el purgatorio,
la próxima sala es el cielo.
Y, con lo que usted ha dicho,
dudo que su marido esté allí.

ÉL:

¿La siguiente sala?

¿Y nos van a avisar?

ANCIANO:

No lo sé, quizás.

ÉL:

Pues a este chaval, Oliver,

no lo llamaron.

ANCIANO:

A lo mejor no pasó la prueba.

ELLA:

¿Qué prueba?

ANCIANO:

Oigan, no lo sé.

Solo son conjeturas.

Quizás es una prueba psicológica,

para optar a un trabajo nuevo.

ÉL:

¿Un trabajo?

Pero si usted lleva décadas jubilado.

ANCIANO:

En la otra vida, sí. Aquí no.

Aquí somos todos iguales.

ÉL:

Claro, el comunista *post mortem*

que comía taquitos de jamón.

(Pausa).

ANCIANO:

Ja, ja, ja. Me ha gustado,

muy bueno.

(Pausa breve).

ELLA:

(Sentándose de nuevo).

Bueno, vamos a calmarnos.

Voy a pensar en otra pregunta.

(Pausa).

SEÑORA:

A lo mejor ese chico era mi hijo.

ELLA:

¿Quién? ¿Oliver?

SEÑORA:

Sí, se parecía.

¡Ay, Dios mío! ¡Era mi hijo!

ELLA:

No, qué va.

Estuvo un buen rato aquí
y no la reconoció.

SEÑORA:

¿Seguro?

ELLA:

Sí, no se preocupe.

SEÑORA:

¿Y quién era, entonces?

ELLA:

No sé, un chaval que pasaba por aquí.

(Pausa).

ÉL:

Ya sé.
¿Habéis visto esa película, *El cubo*?

ANCIANO:

Ah, sí, claro.

ELLA:

Me suena.

ÉL:

Que todos se despiertan en un cubo
sin saber cómo han llegado ahí
y van escapando, de un cubo a otro.

ANCIANO:

Pero había trampas.

ÉL:

Es verdad.

ANCIANO:

(Hacia él).

No le des más vueltas, chaval.

Esto es el purgatorio.

Una fase intermedia,

por algunos pecadillos

sin resolver.

ÉL:

¿Y cuánto tiempo tenemos que estar aquí?

ANCIANO:

No lo sé.

¿Cuánto tiempo llevamos?

ÉL:

No lo sé.

ELLA:

(Dando un brinco en la silla).

¡La señora, la señora!

¡No está!

ÉL:

Oh, mierda.

(Silencio).

Miran hacia la silla. Está vacía.

Fundido a negro.

Fin de la escena 1.

ESCENA 2

Se encienden las luces. Los tres personajes están sentados en las sillas. Hay dos sillas vacías.

ELLA:

¿Estamos muertos?

ÉL:

Sí, desde luego.

Ya lo hemos hablado antes.

ELLA:

¿Somos espíritus?

ANCIANO:

Sí.

ÉL:

¿No deberíamos ser transparentes?

¿O estar tirando libros en la biblioteca

de alguna mansión solitaria?

(Pausa).

ELLA:

Yo preferiría estar haciendo levitar sillas.

Aquí me desespero.

ÉL:

¿Te imaginas que los espíritus se dedicaran a eso?

ELLA:

¿A qué?

ÉL:

¡A abrir y cerrar las puertas de los muebles!

No tendrán otra cosa mejor que hacer.

ELLA:

Estar en esta sala, por ejemplo.

ÉL:

Ja, muy graciosa.

(Silencio).

ANCIANO:

Yo creo que estamos en el purgatorio.

El siguiente paso es el cielo.

(Pausa breve).

ÉL:

¿Por qué está tan seguro?

Podríamos estar en el limbo.

ANCIANO:

No lo creo.

Bueno, quizás en un sentido figurado.

(Pausa).

Según Dante, el limbo
es el primer círculo del infierno,
donde habitan filósofos
y almas justas de antaño.
Vamos, los que nunca
conocieron a Dios.

ÉL:

Ah, pues podría ser.

ANCIANO:

No. Verás...
En el limbo no hay torturas.
(Pausa).
Ni torturas ni la dicha de Dios.
Se pegan la vida padre.
(Se ríe).
(Pausa).

ELLA:

¿Y usted cómo sabe tanto?

ANCIANO:

Fui profesor.
De literatura.

ELLA:

Ah, ya decía yo.

(Pausa breve).

¿Y cuándo pasaremos a la otra sala?

ANCIANO:

Cuando nos llamen.

ÉL:

(Señalando hacia las sillas vacías).

Ahí había un chaval y una señora mayor.

¿Ya les han llamado?

ANCIANO:

Eso creo.

(Pausa).

ELLA:

¡Juguemos a otra cosa!

Vamos a ver, no sé,

¿cuál era vuestro fetiche?

ÉL:

¿Sexual?

ELLA:

Sí, ¿por qué no?

Podemos hablar de todo aquí,

sin pudor y sin filtros, ¿no?

ÉL:

Sí, supongo que sí.

Pues a mí...

¡que me escupieran

y me insultaran!

ANCIANO:

Toma. ya.

ELLA:

No, hombre, no me refiero a eso.

Algo que te excitara mucho,

como el cuero o los tacones.

ÉL:

Ah, vale.

Los tacones, por supuesto.

Y la ropa ajustada.

ELLA:

(Hacia el anciano).

¿Y usted?

ANCIANO:

Me da pudor hablar de estas cosas.

ELLA:

Era para quitarle hierro a la situación.

(Pausa).

ANCIANO:

Las perlas.

Los pendientes de perlas.

Un buen collar de perlas, uf.

ELLA:

¡Muy bien!

ANCIANO:

Y apretarlo fuerte,

hasta que esté a punto de ahogarse,

y entonces soltar.

ELLA:

Vaya.

(Pausa).

ANCIANO:

¡Es broma!

(Todos se ríen).

Yo soy muy inocente con esas cosas.

Me gustaban las perlas, eso sí,

me parecían eróticas,

nada más.

(Pausa).

ÉL:

Al final se reduce todo a lo mismo,

al sexo.

ANCIANO:

No sé. La verdad es que dejé de tener sexo

hace casi veinte años.

(Silencio).

ELLA:

¿Estuvo casado?

ANCIANO:

Sí, tuve una hija.

Tendría que haberla ayudado más.

De hecho, sigo casado,

mi mujer está viva, que yo sepa.

(Pausa breve).

No nos aguantábamos.

Seguro que se siente aliviada

ahora que me he ido.

(Pausa).

ÉL:

(Hacia ella).

¿Y cuál era tu fetiche?

ELLA:

¿Yo?

ÉL:

Sí, faltas tú.

ELLA:

Pues los uniformes.

Donde esté un hombre con uniforme,

que se quite todo lo demás.

ANCIANO:

Toma ya.

ÉL:

Un clásico.

(Pausa).

ANCIANO:

¿Tenéis hijos?

ELLA:

No, aunque tengo novio,

me está esperando afuera.

Me gustaría tener dos retoños,

un niño y una niña.

ANCIANO:

Un consejo:

apóyalos siempre.

(Hacia él).

¿Y tú?

ÉL:

No, yo no.

Ni siquiera tenía pareja.

Sinceramente,

no me ha ido muy bien en el amor.

(Pausa).

(Se levanta y comienza a pasear por la sala).

ELLA:

¿Te hubiese gustado?

ÉL:

¿Tener pareja?

ELLA:

No, tener hijos.

ÉL:

Ah, pues no lo sé. Quizás.

(Se pone a mirar alrededor,

inspeccionando la sala).

ELLA:

¿Qué buscas?

ÉL:

Las compuertas hacia otro cubo.

ELLA:

¿Perdón?

ÉL:

Sí, como en la película *El cubo*.

ANCIANO:

Yo la vi en los cines Renoir,

qué tiempos aquellos...

(Pausa breve).

ELLA:

¿Y qué pasaba en la película?

ANCIANO:

Nada, que van de un cubo a otro,

intentando buscar la salida.

Pero hay trampas.

(Pausa breve).

Mueren casi todos.

ELLA:

Qué bonito.

ÉL:

¡Aquí hay algo!

(Sale de escena).

ANCIANO:

¿Una escotilla?

ÉL:

(Voz en off*).*

No, es como una puerta.

ELLA:

¡No la abras si el pomo está caliente!

ÉL:

(Voz en off*).*

No, no está caliente. ¡La he abierto!

(Pausa).

ELLA:

¿Estás bien?

(Silencio).

(Hacia el anciano).

¿Cómo eran las trampas exactamente?

ANCIANO:

Ah, lo típico.

Una malla afilada que te corta en cachitos,

un ácido que te corroe la cara...

ELLA:

Ay, madre mía.

(Hacia él, gritando).

¿Estás bien?

¡No toques el ácido!

(Silencio).

ÉL:

(Voz en off*).*

Estoy bien.

Hay como un pasillo blanco.

Venid conmigo, vámonos de aquí.

ANCIANO:

¿Seguro?

ÉL:

(Voz en off*).*

Sí, venga. Bueno, si queréis.

He dejado la puerta abierta,

haced lo queráis.

Yo me piro.

ELLA:

(Hacia el anciano).

Ay, ¿qué hacemos?

ANCIANO:

Yo voto por ir.

Hemos venido aquí a jugar, ¿no?

ELLA:

Eso es un tópico.

Pero yo qué sé.

¿Vamos?

ANCIANO:

¡Vamos!

(Los dos se levantan y salen de escena).

(Silencio largo).

(Vuelven a aparecer los tres en escena).

ÉL:

Fijaos, ¡es otra sala!

ELLA:

A mí me parece la misma.

ÉL:

No, es otra, estoy seguro.

¡Estamos en otro nivel!

ANCIANO:

(Sentándose de nuevo en la misma silla).

No sé, es inquietantemente

parecida a la anterior.

ÉL:

(Sentándose).

Joder, no puede ser.

ELLA:

(Sentándose también).

A lo mejor es una sala parecida,

pero más arriba.

ANCIANO:

¿Más arriba?

ELLA:

Sí, más cerca del cielo.

ANCIANO:

Maravilloso.

ÉL:

Pues yo me siento más liviano.

ELLA:

¡A lo mejor nos salen alas!

Como a los ángeles.

ÉL:

Quién sabe.

(Silencio).

(Hacia ella).

Oye, espero que salgamos de aquí.

Seguro que tu novio está preocupado.

ELLA:

Gracias.

(Pausa).

Y gracias por encontrar esta sala.

¿No notáis algo distinto?

Una luz, un calor.

ÉL:

(Dando un brinco en la silla).

¡El anciano no está!

¡Ha desaparecido!

(Silencio).

(Miran hacia la silla. Está vacía).

Fundido a negro.

Fin de la escena 2.

ESCENA 3

Se encienden las luces. Los dos personajes están sentados en las sillas. Hay tres sillas vacías.

ELLA:

¿Y ahora qué?

(Pausa breve).

ÉL:

No lo sé.

ELLA:

¡Este señor ha trascendido!

ÉL:

Sí, eso creo.

(Pausa).

Le gustaba ahorcar a su mujer

con un collar de perlas.

ELLA:

No, tonto, lo dijo de broma.

ÉL:

Quién sabe, mientras fuera consentido.

ELLA:

Llevaba veinte años sin hacerlo con su mujer.

Eso es lo que dijo.

Qué pena.

ÉL:

Al final se reduce todo a lo mismo,

al sexo.

ELLA:

Eso ya lo has dicho.

Si sacas tanto el tema,

es que era importante para ti.

ÉL:

Sí, supongo que sí.

ELLA:

¿Quieres hablar de ello?

ÉL:

No, no especialmente.

ELLA:

No pasa nada.

(Pausa breve).

ÉL:

Ese era el problema.

Que no pasaba nada.

(Pausa breve).

Una vez tuve pareja,

casi nos casamos, ¿sabes?

(Pausa breve).

Pero en ese momento

yo no quería tener hijos.

ELLA:

Lo entiendo.

ÉL:

Y así fue.

Nos separamos

y no volví a levantar cabeza.

Me dio la crisis de los cuarenta,

quise rejuvenecer,

esas cosas...

(Pausa breve).

Cuando me quise dar cuenta,

ya estaba aquí dentro.

ELLA:

La crisis de los cuarenta, déjame adivinar.

(Pausa).

¡Te dio por grabar un pódcast semanal!

ÉL:

No, frío.

ELLA:

Empezaste a correr como Forrest Gump.

ÉL:

Frío.

ELLA:

Foodie. Eso es, te convertiste en un *foodie*:
probabas comidas al azar en restaurantes
y subías los videos a las redes sociales.
(Pausa breve).
¡Hasta que te dio una sobredosis
de oreja a la plancha!

ÉL:

No. Nada de eso.
Peor aún.

ELLA:

¿Criptomonedas?

ÉL:

No, qué va, tampoco te pases.

ELLA:

¿Entonces?

ÉL:

Lo que pasó es que no hice nada.
(Pausa breve).

Podría haber hecho tantas cosas,

todo eso que dices.

En cambio, no hice nada.

ELLA:

Lo siento mucho.

ÉL:

La vida...

(Silencio).

ELLA:

¿Y de eso moriste?

ÉL:

No.

(Pausa breve).

De cáncer.

(Pausa breve).

Mierda de cáncer.

(Pausa breve).

Tal vez me hubiera vencido igual,

pero yo no tenía nada por lo que luchar.

Así que no luché.

(Silencio).

ELLA:

Pues yo hubiese salido contigo.

Pareces muy majo.

ÉL:

¿Ah, sí?

ELLA:

Sí.

(Silencio).

No quiero morir.

ÉL:

Pero si ya estamos muertos.

ELLA:

¿Seguro?

ÉL:

Sí, ya lo hemos hablado antes.

ELLA:

Es verdad. Con el anciano irónico.

ÉL:

Y la señora mayor.

ELLA:

Y el chaval aquel, ¿te acuerdas?

ÉL:

Es verdad,

el de la capucha verde.

ELLA:

Sí, el reguetonero.

ÉL:

¿Le gustaba el reguetón?

ELLA:

Eso dijo.

ÉL:

Joder, no me acuerdo.

¡Parece que ha pasado tanto tiempo!

(Pausa).

ELLA:

Tengo una idea.

Juguemos a otra cosa.

ÉL:

(Adoptando una postura más relajada en la silla).

¿A qué?

ELLA:

¿Cuál es tu superpoder inútil favorito?

ÉL:

¿Mi superpoder?

ELLA:

Sí, por ejemplo, el mío es saber exactamente cuándo va a sonar el microondas.

(Pausa breve).

Entonces, unos segundos antes,

voy corriendo y lo detengo yo misma.

ÉL:

(Se ríe).

Yo, no sé...

Tirar cacahuetes al aire

y comerlos al vuelo.

ELLA:

Como un mono capuchino.

ÉL:

Que conste que el único capuchino que conozco

se hace con espuma de leche.

ELLA:

Iniciativa propia, entonces.

ÉL:

Sí.

ELLA:

Vale, sigo yo.

(Pausa breve).

Encontrar el principio

de la cinta adhesiva.

¡O del papel de cocina!

Siempre me lo dan a mí.

ÉL:

¡Pero eso es muy útil!

Y es un superpoder que no abunda.

Un gran don conlleva

una gran responsabilidad.

ELLA:

Otro tuyo.

ÉL:

No sé.

(Pausa breve).

¡Doblar la ropa en el aire!

ELLA:

¿En el aire? ¿Cómo?

ÉL:

(Gesticulando).

Pues, por ejemplo una camiseta,

la estiro así en el aire,

luego la sujeto un momento

con la barbilla

y ya está.

ELLA:

Muy bien.

¡También es un gran don!

(Se ríen).

(Pausa).

(Vuelven a reírse).

ÉL:

¿Puedo preguntarte algo?

ELLA:

Vale.

ÉL:

¿Cuánto tiempo llevas con tu novio?

(Pausa breve).

ELLA:

Un año, pero nos vamos a casar.

Yo quiero tener dos hijos.

ÉL:

Niño y niña.

ELLA:

Sí, ¿cómo lo sabes?

ÉL:

Lo dijiste antes.

ELLA:

Ah, es verdad.

ÉL:

Vivís juntos y todo eso, imagino.

ELLA:

Sí, él se vino a vivir a mi casa.

No lo juzgues, es que está un poco estresado.

ÉL:

No lo he juzgado.

ELLA:

Ah, pero seguro que lo ibas a hacer.

Por eso de que a veces me pega.

La vida... Ya se le pasará.

ÉL:

¿Perdón?

ELLA:

Sí, que está un poco estresado.

ÉL:

No, lo otro.

ELLA:

¿Que me pega?

ÉL:

Sí.

ELLA:

Pero solo un poco.

Cuando me lo merezco.

No tiene importancia.

ÉL:

No, no, no.

No puede ser.

ELLA:

¿El qué?

ÉL:

No lo puedes defender, joder,

nadie tiene que hacerte daño.

¿Pero qué se habrá creído?,

malnacido.

ELLA:

Oye, no le insultes.

(Pausa larga).

No te preocupes,

es hasta que encuentre otro trabajo.

(Pausa breve).

Cuando salga de aquí, nos casaremos

y tendremos dos hijos.

(Pausa breve).

¿Quedará mucho?

ÉL:

Déjalo, no tienes que seguir fingiendo.

Se acabó.

ELLA:

¿A qué te refieres?

ÉL:

Estamos muertos.

Eso puede ser bueno o malo, no lo sé.

Pero ya está, no vamos a volver.

Y ese tío ya no te puede tocar.

¿Lo entiendes?

No tienes que seguir agachando la cabeza,

ni defenderlo nunca más.

(Pausa).

ELLA:

¿No?

ÉL:

No.

ELLA:

¿Nunca más?

ÉL:

Nunca más.

(Silencio).

ELLA:

(Se pone a llorar).

(Silencio).

Vale, gracias.

ÉL:

Te mereces mucho.

ELLA:

Eso es un tópico.

ÉL:

Es verdad.

Es otro superpoder.

Siempre meto algún tópico sin querer.

Como eso del karma,

o que el universo te devuelve

lo que das...

ELLA:

... aumentado mil veces.

ÉL:

¡Eso!

ELLA:

Yo puedo pelar una manzana sin que se rompa la piel.

ÉL:

(Arquendo las cejas).

Muy útil también.

ELLA:

(Mientras va desapareciendo).

Tonto.

ÉL:

No te vayas, por favor.

(Silencio).

(Mira hacia la silla. Está vacía).

Fundido a negro.

Fin de la escena 3.

EPÍLOGO

Se encienden las luces. Él está sentado en una silla. Hay cuatro sillas vacías.

Silencio.

Silencio.

Silencio largo.

VOZ EN *OFF*:

Siguiente.

Él se levanta.

Pausa.

Mira fijamente al público unos segundos.

Luego, sin prisa, sale de escena.

Fundido a negro.

Fin de la obra

ÍNDICE

Este libro se terminó de editar en Granada

en julio de 2025 por

www.aliarediciones.es

info@aliarediciones.es